# Griechenland

GESCHICHTE · KUNST VÖLKERKUNDE · ROUTEN

Text: MARY MC CALLUM
Photos: MICHALIS TOUMBIS, ILIAS KOUTOUMANOS
　　　　YIANNIS GIANNELOS, TELIS NACHMIAS, STELIOS MARAGOZAKIS
　　　　LAZAROS ORFANIDIS, LEONIDAS AGELOPOULOS

Photosatz, Vierfabendruck, Montage, Druck:
GRAPHISCHE BETRIEBE MICHALIS TOUMBIS S.A., Athen
Tel. 9923874, FAX: 9923867

Copyright © 1993 MICHALIS TOUMBIS S.A.
　　　　　519 Vouliagmenis Ave., Ilioupoli 163 41

# das gesicht griechenlands

Dieses Buch hat hauptsächlich zum Thema die Wunder Griechenlands Landschaften, die an Schänheit rivalisieren, Schätze der Vergangenheit, die unglaubliche Klarheit des Lichtes, Reliefs der Küsten, blaue Gewässer, das zeitgenössische Gesicht und Leben-alles was dazu beiträgt aus diesem Lande etwas eigenartig Schönes zu machen. Es gibt sicherlich andere schönere Länder, aber in keinem anderen wird das Auge und die Seele des Besuchers so angesprochen wie in Griechenland. Wie kann man den Zauber dieses Landes erklären?

In Griechenland egegnet man allen Gegensätzen, die im ganzen Mittelmerraum kowxistieren, angefangen bei der geologischen Gestalt es Landes und dem Klima. In Griechenland sing die Gegensätze zwischen Stadt und Land, Kargheit und üppiger Fruchtbarkeit des Bodens, Herrschaft des Menschen über die Natur und der Natur über den Menschen lebendiger als in anderen Ländern.

Obwohl Griechenland die geologische Verlängerung der Balkanhalbinsel ist, unterscheidet es sich doch grundsätzlich von den anderen Balkanländern und vermittelt dem Besucher unwiederbringliche Eindrücke. Das fast unnatürlich klare und helle Licht überrieselt Berge, durchflutet Meere, Küsten und Inseln. Die frische Luft duftet nach den Wald-und Wiesenblumen. Noch fühlbarer ist die Brise der Geschichte, die einem umfängt: das minoische Kreta, das vorgeschichtliche Mykene, das zyklopische Tiryns, das klassische Athen, das byzantinische Mystras und das mittelalterliche Rhodos. Die Vergangenheit ist vielleicht deshalb noch so greifbar, weil sie in den antiken Ruinen, den halbverfallenen Mauern, den Vulkanen der Bronzezeit und der würzigen Meeresluft weiterlebt. Die unglaublich lange Tradition dieses Landes auf dem Gebiet der Künste erstreckt sich über eine Zeitspanne von fast 4000 Jahren, beginnend mit den in der Form so einfallsreichen vorgeschichtlichen Keramiken, über die minoischen Wandmalereien, bis hin zu den unvergleichlichen Plastiken des klassischen Zeitalters und den vielfältigen byzantinischen Schätzen.

## DIE GEGENSÄTZE

Griechenland hält mehr als es verspricht, und das ist nicht verwunderlich, denn hinter jeder Ecke scheint ein verborgener Schatz zu lauern: bewundernswürdige Ruinen, die von dem Ruhm und der langjährigen Besiedelung dieses Landes zeugen, Geschäfte, überquellend von Gegenständen der Volkskunst, Bungalows am Meer, unendliche Küsten und kleine, versteckte Tavernen, die dazu einladen die Zeit bei einem Glas Wein zu vergessen. Diese Mischung aus Altem und Neuem läßt den Besucher zwischen Wirklichkeit und Phantasie schweben, bis es ihm gelingt, die langjährige Geschichte des landes mit der lebendigen Gegenwart zu vereinen.

Auf der anderen Seite weist Griechenland eine große Vielfalt an geologischen Phänomenen auf: hohe, durch tiefe Täler getrennte Berge, Seen und das Meer - das allgegenwärtige Meer, das zum Sinnbild geworden ist. Unzählige Golfe, Landzungen und Puchten schneiden die Küsten ein. Und natürlich gibt es zahlreiche Inseln. Griechenland ist wahrhaftig das Land der Inseln - eine liegt neben der anderen und jede ist doch so verschieden.

Die Gewässer, die das etwa 50.000 km² große Land umgeben, sind azurblau, klar und durchsichtig. Diese Gewässer mäßigen die Temperaturen des Landes zu jeder jahreszeit und die Sonne, die sich fast nie versteckt, überflutet alles mit ihrer Helligkeit. Bei dem Worte Griechenland denkt man sofort an das unvergleichliche Mittelmeerklima, das stets wunderbar warm ist, im Oktober und April, wie auch im Juli und August.

## DIE MENSCHEN

Griechenland zählt ungefähr 9 Millionem Einwohner: lebenslustig, gastfreundlich, Genießer, manchmal unbegreiflich, aber stets voll ansteckender Begeisterung, Selten trifft man einen sich langweilenden Griechen.

Seit der ersten Besiedelung Griechenlands vor etwa 7000 Jahren hat dieses Volk immer wieder bewiesen, daß es fähig ist, sein eigenes Schicksal in die Hand zu nehmen. Die Grenzen dieses Landes haben sich oft verschoben, nachdem es im Laufe seiner wechselvollen Geschichte so viele verschiedene Phasen durchgemacht hat. Das Volk behält in seiner Tradition die Erinnerung an seine ruhmreiche Geschichte lebendig, von der es so stark geprägt wurde.

Der Geist dieses felsigen Landes, der vor 25 Jahrhunderten von einem kleinen Fleckchen der Erde aus einen so unverhältnißmäßig großen Einfluß auf die gesamte Menschheit ausgeübt hat, lebt heute noch weiter.

## DAS HEUTIGE BILD

Zugleich mit seinen Landschaften, seiner Geschichte, den Schönheiten seiner Inseln, seinem klaren Licht und seinem zauberhaften Meer hat Griechenland seinen Besuchern auch moderne Annehmlichkeiten zu bieten. Aus diesem Grund wird es immer mehr zum beliebtesten Ferienland Europas und des mittleren Ostens. Fast alle Hotels sind neuerbaut und mit jeglichem modernen Komfort ausgestattet. Sogar Hotels der dritten Klasse verfügen in der Regel über ein Bad. Die Anreise per Zug, Schiff, Flugzeug oder Fähre ist einfach und bequem. Die Preise sind sehre vernünftig. Es gibt einsame Buchten, die zu einem erfrischenden und genußvollen Bad einladen und viele Campingplätze für diejenigen, die es bevorzugen, auf diese Weise ihre Ferien zu verbringen. Für Jachten und Kreuzfahrtschiffe gibt es auf dem Festalnd und auf den Inseln ungefähr 85 Versorgungsstationen und Anlageplätze.

# geschichtliche grundlage

## GESCHICHTLICHE GRUNDLAGE

Der Stern der europäischen Geschichte ging mit dem Auftreten der Griechen auf. Die ersten zögernden Schritte in der Entwicklung von der Kultur des Urmenschen bis hin zur Blüte der Kultur, die die Geschichte des abendländischen Menschen geprägt hat, wurden in der Bronzezeit im ägäischen Raum gemacht (2800-1100 v. Chr.). Es war eine Zeit des Austausches und der Kommunikation unter den Völkern der damals bekannten Welt, eine friedliche Epoche im Großen und Ganzen, nur manchmal von Zeiten heftiger Kriege unterbrochen. Die Ägäis nahm im 3. und 2. Jahrtausend v.Chr. eine Schlüsselstellung im Handel zwischen den närdlichen, den kleinasiatischen und den nordafrikanischen Völkern ein. Die ganze Zivilisation der Ägäis stützte sich auf die Seemacht und den Handel. In der antiken Zeit dehnte sich der Handel auf die Inseln und die Küstenorte der Ägäis aus, und der Reichtum der Bewohner wuchs dementsprechend. Kreta befand sich in regem Handelsverkehr mit der übrigen Ägäis, an deren Küsten sich viele selbständige Zivilisationen entwickelten, von denen die kykladische die bemerkenswerteste ist. Die Kykladen waren zu kelin, um eine nenneswerte Bevölkerung zu haben, aber ihre Bodenschätze, zusammen mit ihrer geographischen Lage, trugen dazu bei, daß diese Inseln am Beginn der Bronzezeit zu großer Wichtigkeit gelangten.

Die ägäische Kultur erhielt je nach der Gegend, in der sie sich entwickelte und blühte und nach den charakteristischen Funden, die bis heute erhalten geblieben sind, verschiedene Namen: die minoische Kultur, benannt nach dem mythischen Känig von Kreta Minos; kykladische Kultur nach der gleichnamigen Inselgruppe in der Mitte der Ägäis; mykenische Kultur nach der leichnamigen Stadt auf dem Peloponnes, die nach Homer die mächtigste ihrer Zeit war; schließlich die trojanische Kultur in der Gegend von Troja am nordwestlichen Zipfel von Kleinasien.

Die Bronzezeit endete zwischen 1100 und 1000 v. Chr., als die Dorier mit der letzten Einwanderungswelle nach Griechenland geschwemmt wurden. Ihre Zuwanderung gab der mykenischen Kultur den Todesstoß. Die Dorier waren ein kriegerischer Stamm, doch leiteten sie die Eisenzeit ein und auch eine Kultur, die einen ungeheuren Einfluß ausüben sollten. Gegen 1000 v. Chr. verließen die Pelasger und die Ionier unter dem Druck der Dorier, die sich auf dem Peloponnes niedergelassen hatten, das festländische Griechenland. Sie fuhren übers Meer und siedelten sich auf den Inseln der närdlichen Ägäis und an den Küsten Kleinasiens an. Die greichen Siedler wählten zu ihrer Niederlassung Orte, die auch zum Handel geeignet waren. An den kleinasiatischen Küsten und auf den Inseln schossen griechische Städte aus dem Boden und hatten sich im 7. und 6. Jhdt. v. Chr. schon zu wichtigen Kulturzentren entwickelt. Sie kamen mit den großen Kulturen des Orients in Kontakt und vermittelten ihnen den griechischen Geist und lehrten sie die Freiheitsliebe. Sie übertrafen an Größe bei weitem die festländischen Städte und ihre Kultur war reicher und verfeinerter als die anderen und kann nur mit der frühkorinthischen Kultur verglichen werden. Zu der glänzenden Konstellation dieser reichen und mächtigen Städte gehärten: Klazomenai, Halikarnassos, Kolophon, Smyrna, Phokaia, Samos, Ephesos und vor allem Milet. Diese Städte wurden zur Wiege der Wissenschaft und der Philosophie, und dort blühte der erste triumphierende Frühling des Stadtstaates.

Es herrschte Gedankenfreiheit und der menschliche Geit erreichte seine wahre Hähe. Diese Menschen hatten ihre Freiheit erlangt und jetzt die Muße sich auseinanderzusetzen mit dem Zweck des Lebens, mit den Anfängen aller Dinge und mit den Zielen und deen, die einer Zivilisation Unsterblichkeit verleihen. Das hochentwickelte Unabhängigkeitsgefühl wurde diesen Stadtstaaten mit der so fortgeschrittenen Kultur zum Verhängnis. Es fehlte ihnen an Weitblick, um sich rechtzeitig gegen den gemeinsamen Feind zu vereinigen, und waren dadurch verurteilt, erst durch die Lydier, dann durch die Perser unterjocht zu werden.

Dennoch gelang es ihnen in den wenigen Jahrhunderten ihrer Freiheit, die griechische Kultur im Mittelmeer- und Schwarzmeerraum zu verbreiten, überall vom westlichen Mittelmeer bis zum Pontos Euxeinos (das Schwarze Meer) griechische Kolonien zu gründen und im 6.Jhdt. den Samen zu säen, der bestimmt war, das e- sicht und die Geschichte des abendländischen Menschen zu ändern. Am Ende dieses Jahrhunderts dominierten zwei rivalisierende Mächte: Athen und Sparta-

Die griechische Kultur, an deren Anfang die beiden homerischen Epen Ilias und Odyssee stehen, ging schnell zu einer neuen Entwicklungsstufe über, die zu dem sogenannten "goldenen Zeitalter" führte (500-323 v.Chr.). Das uns vermachte Erbe, das aus Monumenten und Überresten der antiken Kunst, sowie aus den Grundsätzen und Ideen, die bis heute Gültigkeit haben, besteht, stammt aus dieser Epoche.

Das «Goldene Zeitalter» war zugleich auch das turbulenteste. Im Inneren herrchte Unfrieden und verschiedentlich fanden Invasionen statt. Im Jahre 490 v. Chr. erlitt Griechenland die erste persische Invasion, aber Dank der Fähigkeit und der Durchschlagskraft der verschiedenen griechischen Armeen, besonders der von Athen, wurden die persischen Horden bei Marathon zurürckgeschlagen und die Griechen errangen einen bedeutenden Sieg.

In der Zeit zwischen 480 und 431 v. Chr. überragte die glanzende Persänlichkeit des Staatsmannes Prikles Athen, dessen Plan und Initiative wir die Schöpfung des Gebäudekomplexes auf der Akropolis, darunter der Parthenon und die Propyleen, verdanken. Athen erlebte eine Zeit hoher Blüte. Nach Außen hin wurden die widerspenstigen Verbündeten zum Gehorsam gezwungen, und im Inneren fußte das demokratische System einzig auf dem Willen des Volkes, aus dem jeder Einzelne in die Regierung gelangen konnte, und auf den Generalen, die durch Allgemeinwahl gewählt wurden. In dieser Zeit entstand in Athen eine Fülle von architektonischen Wundern, zugleich war es ein Kulturzentrum, das jede neue Idee in der Wissenschaft, Philolophie und Kunst freudig aufnahm. Über ein halbes Jahrhundert lang war Athen auf politischem Gebiet vorherrschend gewesen, um die Geschichte der abendländischen Kultur aber hat es sich durch seinen Geist, seine Wissenschaft und seine Kunst verdient gemacht.

Der peloponnesische Krieg (431-404 v. Chr.), entstanden aus der Angst von Sparta vor der Macht Athens, war der Beginn des Falles von Athen. Die große Hungersnot, die 430 v. Chr. Athen heimsuchte, und der verhängnisvolle Streit um das Generalat nach dem Tode des Perikles (426 v.Chr.) zwangen Athen auf die Knie und **unterjochten es der tyrannischen Herrschaft von Sparta. Auf diese Weise brachten unwichtige innere Konflikte zustande, was dem mächtigen Persien nicht gelungen war, als in den Schla**chten von Marathon, Plataiai und Salamis das Schicksal der abendländischen Welt gespielt wurde.

Das durch langjährige Kriege geschwächte Griechenland des 4.Jhdts. v. Chr. sah sich der Bedrohung einer neuen Macht gegenüber, nämlich der Makedoniens. **Redner und Staatsmänner forderten ein Bündnis mit Makedonien, die stärkste Stimme aber,** die sich erhob, nämlich die des größten "Redners der Antike Demosthenos, **rief zum Wiederstand Athens gegen Makedoniens auf. Die Schlacht bei Chaironeia 338 v. Chr.** endete aber mit der vernichtenden Niederlage Athens. Seitdem wird das **Schicksal** Athens und der anderen griechischen Stadtstaaten mit dem Makedoniens **identifi**ziert. Die Zeit des Stadtstaates war vorbei, weil es den Städten nicht **gelungen war,** sich rechtzeitig politisch zu vereinen, obwohl sie vom ionischen Meer bis Kleinasien und von Kreta bis Makedonien die selbe Sprache, Religion und Mentalität hatten.

Die Geschichte hätte mit dem Kommen eines Philipps von Makedonien (Pella war Residenz seines Känigreiches) rechnen müssen, der die Uneinigkeit der griechischen Städte ausnützte, um sie alle zu unterwerfen. So entstand eine Art Nation unter Philipps Herrschaft und später unter der Herrschaft seines Sohnes alexanders des Großen. Die Periode zwischen dem 4. und 2. Jhdt. v. Chr. wird als hellenistische Epoche bezeichnet. Bei seinem Tod 323. v. Chr. war Alexander der Große Herrscher über ein riesiges Reich, das sich bis nach Indien ausdehnte. Die Streitigkeiten unter den Diadochen, sowie die verschiedenen Befreiungsbewegungen schwächten das Reich so sehr, daß es ganz zerfiel. Griechenland kam unter römische Herrschaft und die Kunst ging langsam ihrem Niedergang entgegen: die Qualität wich der Quantität und der Größe. Die Römer aber waren hervorragende Erbauer von öffentlichen Bauten. Damals wurde Griechenland mit breiten Straßen, Aquädukten, Brücken und öffentlichen Bädern versehen. Die Römer liebten das Große, das Imposante, das Prahlerische, die Triumphbägen, die Reliefs und Wandmalereien, und in fast jedem Werk verewigten sie einen römischen Sieg. Das Maß und die Harmonie war das Ideal der griechischen klassischen Kunst gewesen. Die Größe an sich hatte die Griechen nie beeindruckt. Sie hatten freilich auch Denkmäler großen. Ausmaßen geschaffen, aber auch da suchten sie die Vollkommenheit in der Form und nicht in der Masse. Noch unter römischer Herrschaft bewahrten die griechischen Städte ihre Überlegenheit in der Philosophie, den Künsten und den Wissenschaften, und zur Zeit, als Nero zahllose Kunstewerke nach Rom bringen ließ, blieb die Stadt des Perikles die "Universität" des römischen Reiches.

Während der römischen Periode (146 v.Chr. bis 138 n.Chr.) wurde Griechenland christianisiert. Der Apostel Paulus predigte das Evangelium auf dem athener Areopag und in anderen Städten, und einige Jahre später schrieb der Apostel Johannes auf Patmos die Apokalypse.

Als das römische Reich in das westliche und östliche geteilt wurde, fiel Griechenland dem byzantinischen Reich zu, das sich seiner Bande mit dem griechischen Geist und der griechischen Geschichte voll vewußt war; es erhob die griechische Sprache zur Staatssprache und schaffte das Lateinische ab. Die byzantinische Periode (395-1453 n.Chr.) dauerte 1000 Jahre. Das Reich entwickelte seine eigene Kunst, Literatur und seine eigenen Sitten, und alles war in hohem Maße beeinflußt durch die starken Bande zwischen Staat und Kirche. In der Kirchenarchitektur entwickelten sich verschiedene Stile, von denen die bekanntesten der "byzantinische" (kreuzförmig mit Kuppel) und die "Basilika", sind, die ein auf Säulen ruhendes Mittelschiff mit zwei oder vien Seitenschiffen hat.

Eine hohe Blüte erlebten das Mosaik und die Heiligenmalerei, die die Kirchen der damaligen Zeit schmückten. Das byzantinische Reich endete 1453 durch die Eroberung von Konstantinopel durch die Ottomanen.

Nach dem Fall von Konstantinopel (Hauptstadt des byzantinischen Reiches) wurden die Türken Herren über den größten Teil Griechenlands. Viele Gelehrte, Schriftsteller und Philosophen flüchteten in den Westen und vollbracthen dort ein großes Werk. Sie waren es, die den Anstoß zur Renaissance gagen, die ihrerseits die westliche Kultur beeinflußte.

Vor der ottomanischen Bedrohung hatte das byzantinische Reich erst gegen die Barbaren (Gothen, Slawen, Awaren....) zu kämpfen gehabt später gegen die Venezianer, Franken und Katalanen, die viele Jahre lang unter dem vorwand der Kreuzzüge Griechenland plünderten.

Die türkische Herrschaft dauerte bis 1821, bis die verschidenen Freiheitsbewegungen koordiniert wurden und ein solches Ausmaß annahmen, daß sie zum großen griechischen Aufstand führten (1821-1834).

Mit dem Abschütteln des türkischen Jochs beginnt die Geschichte des modernen Griechenlands. Das Land wurde von den drei Großmächten (England, Frankreich und Rußland) als selbständiger Staat anerkannt, und es wurde ihm das erste königtum unter Otto von Bayern auferlegt. In der Folge kämpfte Griechenland jahrzehntelang um die Rückerstattung von Landesteilen, die immer griechische gewesen waren. Als letztes wurde nach dem zweiten Weltkriege der Dodekanes an Griechenland angeschlossen.

Dieses kleine Land, mit der so reichen Geschichte, das immer für die Freiheit gekämft hat, befindet sich heute auf dem Weg der Entwicklung und des Fortschirittes.

Dank seiner geographischen Lage im östlichen Mittelmeer und dem Geist des Volkes, das es bewohnt, erlangte Griechenland in den vielen Jahrhunderten seiner Geschichte einen stabilen und unverfälschten Charakter, der die Griechen eng an ihre Vor-und Nachfahren bindet. Deshalb hat der heutige Staat die Pflicht, das Erbe der Vergangenheit zu hüten, die Interessen des Landes zu wahren und die Hoffnungen des Zukunft wahrzunehmen.

*Mistras: Eine Wandnalerei aus dem Kloster Pantanassa ("Königin der Welt").*

# griechische bildhauerei und malerei

### Kurze Darstellung der antiken griechischen Bildhauerei und Malerei

Die antike griechische Kunst entwickelte sich und erreichte ihre Blüte in einem Zeitabschnitt von 600 Jahren. Diese Kunst brachte eine reine und klare klassische Schule hervor, Schöpfung des Genies eines Volkes, die in der Folge die Kunst bis zum heutigen Tage zeichnen und beeinflussen sollte und es wahrscheinlich ewig tun wird.

Schon vor dem 7. Jhdt. v. Chr. dienten der Mensch, das Tier und die Natur der Malkunst als hauptsächliche Modelle-Malkunst, die als optisch bezeichnet wird, d.h. sie zeichnet sich durch eine scharfe Beobachtungsgabe des Künstlers und einer erstaunlichen Klarheit der Linien aus. Ein Blatt Gold mit der Darstellung eines Hirschen wird zu einem Becher, an dem man den Stil und die Lebendigkeit erkennen kann, die noch die Werke der zeitgenössischen Volkskunst auszeichnen. Der griechische Künstler lernte frühzeitig seine Augen zu gebrauchen. Die ihn umgebende Landschaft, die vom zauberhaften griechischen Licht durchrieselt ist Licht so intensiv und klar, daß es deutlich die Formen umfließt–auferlegte seinem Blick und seinen Gedanken Disziplin. Wenn der Künstler eine Statue bearbeitete, nahm er den Gestalten jede Spannung, wie z.B. die Verkrampfungen am Kopfe eines Pferdes, die geringste Bewegung in der Natur-ja sogar das Wehen des Windes-und drückte durch Maß und Symetrie die Kraft seines Denkens aus. Die klaren und ausdrucksvollen Linien verliehen dem Werk Ordnung und Gleichgewicht. Die Größe an sich hatte den griechischen Künstler nie beeindurckt. Er suchte die Vollendung nicht in riesigen Ausmaßen, sondern vielmehr in Form und Gestalt. Dieser ewige Kampf um die Wahrheit, die Suche nach der Gestalt-sogar hinter den Falten eines Gewandes-charakterisieren alle Statuen der großen Epochen der griechischen Plastik. Die Kunsthistoriker unterscheiden klar zwischen der Kunst der minoischen und mykenischen Kultur auf der einen, und der Kunst, die um 1000 v. Chr. nach der plötzlichen Vernichtung der beiden ersten blühte, auf der anderen Seite. Mit der Zuwanderung der Dorier fiel Greichenland in einen halbbarbarischen Zustand zurück, der über 2 Jahrhunderte währte. Erst im 7. Jhdt. v. Chr. begannen die Kunst und die Kultur zu blühen. Damals erlebte Griechenland einen in der Weltgeschichte noch nie dage-wesenen und nie wieder erreichten künstlerischen Aufschwung.

Diese Blütezeit begann mit den kleinen Bronze–und Keramikgegenständen der geometrischen Periode (1000–800 v.Chr.), die nach der einfachen Anwendung der geometrischen Regeln auf die Probleme der menschlichen Form benannt wurde und die sich dann hin zur archaischen Periode (800–600 v. Chr.) entwickelte. Griechische Seefahrer brachten aus Ägypten und dem Orient Kunstgegenstände nach Griechenland, deren Ornamente einen der geometrischen Kunst ganz verschiedenen Stil aufwiesen. Diese Periode brachte die so bekannten "Kuren" (Statuen von Jünglingen) und "Koren" (Statuen von jungen Mädchen) hervor, deren ägyptischer Einfluß unverkennbar ist. Ihre Haltung ist immer dieselbe-der eine Fuß dem anderen etwas vorgestellt, das stereotype Lächeln, die Arme an den Leib gepreßt und die Hände zu Fäusten geballt.

Die Ägypter hauten ihre Statuen in härteres Gestein (Porphyr und Granit) als die Griechen, die mit dem feinen Marmor ihrer Inseln, der mit einfachem Werkzeug und Korund leicht zu bearbeiten war, keine solche Schwierigkeiten hatte. Allmählich wurde die Haltung gelöster, die Bewegungen vielfältiger und die menschliche Gestalt naturgetreuer.

In diesen so bedeutsamen Jahren wurzeln die Anfänge der griechischen monumentalen Plastik und Architektur, und dort sind auch die Quellen der klassischen Kunst zu suchen.

Die Loslösung von der archaischen Tradition hatte schon am Anfang des 6. Jhdts. v. Chr. begonnen. Die Blüte der griechischen Bildhauerei wurde mit der klassischen Periode (500-400 v. Chr.) eingeleitet. Die griechischen Bildhauer suchten damals nach der absoluten Vollkommenheit, sowohl im Thema als auch in der Ausführung, was ihnen in der Regel auch gelang.

Nach dem 5. Jhdt. v. Chr. wich die strenge Erhabenheit der monumentalen Plastik der anmutigen Kraft des Phidias und etwas später der Feinheit und Würde der Götter des Praxiteles. Die Bildhauer bemühten sich, alle Möglichkeiten des Marmors auszuschöpfen. Sie kämpften sich mit dem Marmor ab, um ihm ihre Gedanken einzuflößen, und das fast unmöglich Scheinende gelang. Die drei gröten Künstler dieser Periode waren Polyklet, Myron und Phidias. Der berühmte "Doryphoros" des Polyklet ist eine der ersten Statuen überhaupt, bei denen das Gewicht nicht auf beiden Beinen ruht, sondern auf das eine verlagert ist, während das andere etwas über dem Boden, mit der Ferse in der Luft, frei schwebt. Das Resultat ist eine bewundernswert ungezwungene Haltung. Myron wiederum war der erste, der die steife Strenge des Rumpfes und des Kopfes auflöste, indem er seinen Plastiken auf lebendige Weise die großartige Geschmeidigkeit des Körpers in Tätigkeit verlieh. Seine Athleten, darunter der "Diskuswerfer" gehören zu den besten Beispielen seiner Kunst.

Ihren Höherpunkt aber erreichte die griechische Bildhauerei im 5. Jhdt. v. Chr. mit Phidias, dessen Geist und Genialität die plastischen Dekorationen an der Athener Akropolis schufen. Auch die gigantische Statue der Athena (40 m), die zu dieser Zeit die Akropolis überragte, ist eine Schöpfung Phidias. Es gilt heute als sicher, daß die Skulpturen am Parthenon, auch wenn es keine Werke des Phidias selbst sein sollten, so doch unter seiner Leitung und Aufsicht entstanden sind.

Im 4. Jhdt. v. Chr. verschob sich das Ideal des Bildhauers. Sein Ziel war nicht mehr die einfache Darstellung eines kraftvollen, natürlichen Lebens im Einklang mit dem Frieden des Geistes, sondern der Ausdruck menschlicher Gemütsbewegungen und Leidenschaften. Die bekanntesten Vertreter dieser kunstrichtung sind Skopas, Lyssip und Praxiteles. Skopas ist besonders bekannt für die Leidenschaft, die er in marmorenen Gesichtern seiner Heroen verlieh, mit den tiefliegenden Augen und den gepeinigten Stirnen. Ihm wird ein Kopf aus dem Tempel von Tegea zugeschrieben, der sich heute im archäologischen Nationalmuseum von Athen befindet. Auch manch andere Werke, die auf der ganzen Welt als Werke seltener Kunst gelten, wie z.B. die "Gruppe der Niobe" oder die "Nike von Samothrake", werden wenn nicht ihm, so doch zumindest seinem Einfluß zugeschrieben. Die bekanntesten Werke des Praxiteles sind die knidische Aphrodite (heute im Vatikan) und der Hermes mit Dionysoskind im Museum von Olympia-Werke, die weniger Leidenschaft ausdrücken, aber von größerer verträumter Zartheit sind als die Werke des Skopas. Lyssip, bekannt als Schöpfer einer übergroßen Zahl von Werken (darunter viele Plastiken von Alexander den Großen) begeisterte sich an der natürlichen Körperkraft, was bei seinem "Apoxyomenos" ("der Schaber") zum Ausdruck kommt, dessen Kopie sich ebenfalls im Vatikan befindet.

Das Höchstmaß an menschlichem Leid wird erreicht in der Gruppe, die den mythischen Laokoon und dessen Söhne darstellt, wie sie sich in der tödlichen Umarmung zweier Schlangen winden. Zu dieser Zeit ging die griechische Kunst in die hellenistische Periode über (300-150 v. Chr.), Epoche, zu der die Griechen unter der Herrschaft Alexanders des Großen vereint wurden und die griechische Kultur sich weit über die Landesgrenzen hinaus verbreitete. Die Veränderung der politischen Verhältnisse, nähmlich der Zerfall des Reiches Alexanders des Großen unter seinen Epigonen in mehrere selbständige Staaten, wird für den Niedergang der Kunst verantwortilich gemacht. Dennoch brachte diese Epoche Werke echter Genialität und wahrhafter Schönheit hervor. Die Kunstwerke wurden monumental und wuchtig, die Archtektur neigte zum igantischen und zugleich machte die Mechanik große Fortschritte. Ein typisches Beispiel der Tendenzen dieser Zeit ist das Mausoleum von Halikarnassos–eines der sieben Weltwunder der Antike– an dessen Fries Hellenen und Amazonen kämpfen und dessen Giebel von den riesigen Statuen des ausolos und der Artemissia in Ruhestellung in ihrem Wagen gekrönt wurde. Das kleine Königreich Pergamos in Kleinasien war berühmt für seinen Tempel mit dem gewaltigen Zeusaltar, und dessen Fries überdimensionale Plastiken schmückten. Andere eisterwerke dieser Zeit sind die "Nike von Samo- thrake" "der sterbende Galate" und die "Aphrodite von Milo", die es an Schönheit, Anmut und Harmonie jederzeit mit den größten Meisterwerken der Phidias-Ära aufnehmen können.

Andererseits wandte sich die Kunst jetzt dem einfachen Menschen zu, inem sie ihre I nspiration mehr im Alltäglichen suchte. Tausende Tonstatuetten, die als Thema das tägliche Leben des alten Griechen haben, verlebendigen uns die damalige Zeit. Sie sind bezaubernd und befreit von den klassischen Konventionen. Von dieser Periode der griechischen Kunst sind viele Exemplare erhalten, wie z.B. die entzückende Statuette eines Kindes das eine Ente jagt, die eines Kanben, der sich abmüht einen Dorn aus seinem Fuß zu entfernen, oder die einer von den Jahren gebeugten Frau, die mit ihrem faltigen Gesicht so lebendig wirkt.

Statuetten von Tanagra, die zu tausenden in Gräbern gefunden wurden, zeugen von der Grazie und Anmut der griechischen Plastik dieser Epoche.

In der hellenistischen Zeit wurden die Herstellung von Kameen (in Relief gear- heitete Schmucksteine) und die Technik der Münzprägung vervollkommnet.

## Griechische Malerei

Es ist nichts von der antiken griechischen Malerei erhalten geblieben, sodaß wir uns eine Meinung bilden könnten, außer freilich den Töpfen und den wandmale- reien von Pompei, Werk griechischer Künstler der späten hellenistischen Zeit. Zum Glück mangelt es nicht an schriftlichen Dokumenten über die griechischen Maler, sodaß uns viele Namen aus der Antike überliefert sind.

Somit wissen wir heute, daß die Künstler die Freskotechnik fur die Wandma- lerein anwandten, die temperateckinik für die Gemälde, sowie–während des Hoch- hellenismus–die Enkaustik, Maltechnik, die mit Wachs verbundene Farben in heißem Verfahren mit dem vorbereiteten Grund verbindet. Später entwickelte sich die Mosaiktechnik, die die Römer zur Dekoration ihrer Häuser profanierten, was Horaz zu dem Spruch anregte: "Die Griechen, die von den Römern erobert wurden, eroberten in der Folge mit ihrer Kunst die Römer". Dieser Ausspruch wird heute als Eingeständnis ausgelegt, daß die römische Kunst eine sterile Nachahmung der griechischen sei.

Die ornamentalen Bilder des Polygnot und des Mikon waren, den Informatio- nen, über die wir verfügen, zufolge höchstwahrscheinlich farbige Umrißzeichnungen, die ohne Modell, schatten–und perspektivlos ausgeführt wurden. Laut schriftlicher Überlieferung war Agatharchos am Ende des 5. J hdts v. Chr. einer der ersten aler überhaupt, der sich mit dem Problem der Perspektive auseinandersetzte. Dann fol- gten Apollodor, Bahnbrecher auf dem Gebiet des Lichtes und des Schattens, sowie die als Lehrer des Realismus bekannten Zeuxis, Parrhasios und Appeles.

Obwohl wir heute kein Werk antiker griechischer Maler mit Werken des Mit- telalters, der Renaissance oder der zeitgenössischen Malerei vergleichen können, sind wir mit den schwarz–und rotfigurigen Töpfen sicherlich im Besitz einer Grundlage, die uns das Studium der Entwicklung der Malerei bis auf den heutigen T ag erleichtern würde.

Die antiken griechischen Gefäße wurden laufend vom 6. bis 4. J hdt. v. Chr. in großer Zahl hergestellt und gelangten in alle Mittelmeerländer. In den meisten Fällen sind sie das anmutigste Zusammenspiel zwischen Töpfer–und Malkunst, das es je gegeben hat

*Der "Marathonknabe". Bronzestatue 330 v.Chr.*
*(Archäologisches Museum Athen).*

# griechische volkskunst

Die griechische traditionelle Volkskunst, deren Werke dem Besucher auf Schritt und Tritt begegnen, ist erstaunlich mannigfaltig und spannt ihren Themenkreis sehr weit.

Von seiner Kleidung angefangen, über die Ausschmückung seines Reimes bis hin zu den täglichen Gebrauchsgegenständ en zeichnet sich der Grieche durch seinen Geschmack aus.

Das griechische Volk greift auf alle möglichen Materialien zurück, um sich auszudrücken: Kupfer, Marmor, Holz, Wolle, Seide, Eisen, Silber und Ton. Vielfältig sind die Stilarten, allen gemein aber ist der Kunstsinn. Die Erzeugnisse dieser traditionellen Volkskunst sind keine Museums gegenstände. Überall in Griechenland werden die Erzeugnisse von dem volkstümlichen Künstler, der Weberin und der Stickerin auf traditionelle Art hergestellt: Decken, Flokates (Langhaarteppiche), Teppiche, Kleider, Kompoloja (Perlenschnüre), Schmuckstücke, Tagaria (gewebte Umbängetaschen), Nippsachen, Tongefäße in einer unerschöpflichen Vielfat von Farb-und Musterkombinationen werden dem Besucher als Reiseandenken aber auch als Gebrauchsgegenstönde angeboten. In jedem Ort des Landes kann man Artikel erwerben, die von lokalen Künstlern hergestellt wurden. Diese Künstler erhalten die Traditon lebendig, denn die griechische Volkskunst drückt in ihren Webereien, Stickereien, Gold-und Silbergravierungen, Tongefäßen die griechische Seele aus und übermittelt von Generation zu Generation ihre Botschaft. Aus der Tiefe der Jahrhunderte erreicht uns die Töpferkunst. Auf Kreta, Rhodos, Sifnos, Skopelos und Lesbos schaffen autodidakte Handwerker aber auch bekannte Künstler anmutige Werke, die den Stempel der Volksphantasie und des Wertes der Handarbeit tragen.

In einem Athener Vorort, in Maroussi, ist eine ständige Keramikausstellung untergebracht, wo man Töpfereien aus dem ganzen Land bewundern und erstehen kann.

# griechische volkstänze

Eines der stärksten Mittel, das den Menschan in den verschiedenen Ländern hilft, sich miteinander Kennenzulernen, der eine den anderen zu verstehen und zu lieben, ist die Kunst und besonders die Kunst des Tanzes, dessen Sprache allen Völkern verständlich ist.

Der Tanz ist eine Kunst so alt wie der mensch selbst und fährt immer noch fort, einem grossen Raum im Leben der verschiedenen Nationen zu beanspruchen. Der Vokstanz im besonderen drückt die verschiedensten und vielfältigsten Seiten des Lebens der Völker aus, d.h. Themen und Gefühle, die Völker in der Entwicklung ihres geschichtlichen Daseins tief bewegt haben. Die Volkstänze sind voll von Edelmut, rührendem Heroismus, echter Lyrik und spontanem Humor.

Der Volkstanz bietet nicht nur ästhetische Bilder, sondern auch die echte Schöpfung der Volksgenie.

Wenn die Jugend Griechenlands auf die Bühne mit den traditionellen Tänzen der Heimat stürmt, kann jeder hinter ihrem poetischen Bilde die Eigentümlichkeiten unserer nationalen Kultur, den Zauber der Natur unserer Heimat mit ihren vielgesungenen Bergen, die malerischen Inseln, die Schönheit des Flachlandes und den lichtvollen blauen Himmel spüren.

Jeder Tanz in seinem Ganzen, mit seiner Musik und seinen Kostümen, zeigt uns die Merkmale des Lebens, die Bräuche und in vielen Fällen auch den Charakter des Volkes.

# griechenland

**1  ATTIKA - DIE SARONISCHEN INSELN**  seite 18-37
Athen, Plaka, Thissio, Piräeus, Daphni, Sounio, Messoghia
**DIE SARONISCHEN INSELN**
Salamina, Aegina, Poros, Hydra, Spetses

**2  PELOPONNESE - KYTHIRA**  38-53
Korinth, Loutraki, Mykene, Argos, Tiryns, Nafplio Epidaurus, Tolo, Tripoli, Sparta, Mistras, Gythio, Monemvasia, Mani, Kythira, Kalamata, Methoni, Pyrgos, Olympia, Patras, Aigio, Mega Spileo, Kalavryta, Xylokastro

**3  ZENTRALGRIECHENLAND**  54-61
Nafpaktos, Messolonghi, Aetoliko, Agrinio, Amphilochia, Vonitsa, Theben, Kamena Vourla, Thermopylen, Lamia, Karpenissi, Levadia, Chaeronia, Ossios Loukas, Arachova, Amphissa, Itea, Galaxidi, Delphi

**4  EUBOEA - SKYROS**  seite 62-65
Chalkis, Eretria, Amarynthos, Kymi, Marmari, Karystos, Steni, Prokopio, Mantoudi, Limni, Istiaia, Edipsos, Kap Artemision, Skyros (inseln)

**5  THESSALIEN-SPORADEN**  66-75
Olympus Gebirge, Meteora, Kalambaka, Trikala, Larissa, Das Tempi Tal, Ambelakia, Volos, Pelion
**SPORADES:**
Skiathos, Skopelos, Alonissos

**6  EPIRUS**  seite 76-80
Ioannina, Dodoni, Arta, Metsovo, Preveza, Nikopolis, Zagorochoria, Parga, Igoumenitsa

**7  DIE IONISCHEN INSELN**  81-89
Korfu, Paxi, Antipaxi, Lefkada, Ithaka, Kephalonia, Zakynthos

**8  MAKEDONIEN - THASSOS**  90-107
Thessaloniki, Katerini, Dion, Veria, Vergina, Naoussa, Kozani, Edessa, Pella, Prespa Seen, Kastoria, Florina, Serres, Drama, Philippi, Kavala, Thassos (inseln), Chalkidiki, Aghion Oros (Athos Bergstaat)

**9  THRAKI**  seite 108-109
Xanthi, Komotini, Alexandroupolis, Didimoticho

**10  DIE NORDESTLICHEN - AEGAEISCHEN INSELN**  110-116
Samothraki, Limnos, Lesvos, Samos, Chios, Ikaria

**11  DODEKANES**  seite 117-129
Rhodos, Nisyros, Tilos, Chalki, Symi, Kos, Kalymnos, Leros, Patmos, Karpathos, Kassos, Astypalea, Kastellorizo

**12  CYCLADES**  seite 130-143
Delos, Mykonos, Andros, Tinos, Syros, Naxos, Paros, Thera (Santorini), Anafi, Amorgos, Donousa, Koufonisia, Herakleia, Schoinousa, Karos, Kea, Kythos, Serifos, Sifnos, Ios, Milos, Kimolos, Folegandros

**13  KRETA**  seite 144-159
HERAKLIO: Knossos, Phaestos, Gortyna, Aghia Triada, Matala
LASSITHI: Aghios Nikolaos, Sitia, Vai, Ierapetra
RETHYMNO: Psiloritis, Arkadi Kloster, Agia Galini, Kourtaliotiko-Schlucht
CHANIA: Akrotiri, Chrissoskalitisa Kloster, Paleochora, Samaria-Schlucht, Sfakia

# 1 attika

Attika ist die griechische Gegend in welcher das uralte Athen Philosophie und Demokratie heranzog. In dieser kleinen Ecke der Erde legte die Vitalitaet der Griechen den Grund fuer alle Arten von Schoepfung, und ihr Denken half die Ansichten der westlichen Welt zu verwandeln, durch die unsterbliche und praechtige attische Kultur.

Diese kleine Ecke Griechenlands, erstmals bewohnt mi 4. Jhr. B.C. von den Pelagianern und spaeter von den Ioniern, besitzt starke Bindungen an die geschichtliche Vergangenheit und es gibt kaum einen Teil dieser Gegend, wo nicht Beweise fuer jahrhundert-alte menschliche Akti vitaeten gefunden werden koennen. Ortsnamen und geschichtliche Ueberreste in Marathon, Eleusis, Brauron, Amphiareion, Ramnous, Sounion und Athen erinnern an das alte Griechenland, welches in diesen laengst vergangenen Zeiten einen Einfluss ohne seines gleichen, ausuebte.

Jedoch lebt dieser mit Recht beliebte Teil Griechenlands, nicht in der Vergangenheit. Zusammen mit seiner Landschaft, seiner Geschichte und seinem klar blauen Meer gibt es moderne Touristen Anlagen deren man sich in den Erster-Klasse Hotels, Strandbungalows, Feriendoerfer und Zeltplatzen, erfreuen kann. Ausgezeichnete Strassen machen es moeglich, die meisten der herlichen Ausflugsziele und geschichtliche Staetten Attikas', leicht zu erreichen.

Attikas' wenige kleine Ebenen sind dicht bebaut mit Weinreben, Gemuese und Obstbaeumen. Dunkle Olivenbaumhaine ueberall.

Attika ist der hoechst industrialisierte Teil Griechenlands und der Hauptanteil der Industrie des Landes ist hier ansaessig. Die Fluesse Ilissos and Kifissos fliessen durch diesen schoenen Teil Griechenlands. Sie sind nicht sehr gross, aber geschichtlich verbunden mit Atticas' enfernter Vergangenheit.

Die attische Kueste ist schon seit alten Zeiten fuer ihre Schoenheit bekannt. Geografisch formt diese Gegend eine dreieckige Halbinsel, deren Abschluss das tempel-gekroente Kap Sounion bildet.

## ATHEN

Griechenland beginnt mit, und dreht sich um diese Stadt, eine der aeltesten Hauptstaedte der westlichen Welt. Eingeschlossen wie in eine Schale, am suedlichsten Zipfel Attikas', mit Bergen Aigaleo, Parnitha (Parnes), Pendeli und Hymettus an drei Seiten, sowie dem Saronischen Golf an der vierten, formt sie eine zusammen haengende Stadt mit ihrem Hafen Piraeus und ihren Vororten.

Zusammen haben sie eine Einwohnerzahl von etwa drei Millionen. Neu und sich immer erweiternd, ist der moderne Teil Athens hauptsaechlich in den letzten vierzig Jahren erbaut worden.

Die Stadtgrenzen mit seinen Hochhaeusern reichen bis in die gruenen Vororte hinein, und bis zu den angrenzenden Bergen, sowie bis zur westlichen Kueste Attikas'. In jeder Richtung gibt es etwas zu sehen: funkelndes Meer, hohe und delikat geformte Berge, die unausloeslichen Eindruecke einer uralten Vergangenheit, und alle diese Entwicklungen des 20. Jahrhunderts.

Athen war erstmals bewohnt vor einige 6000 Jahren von den Pelagianern und spaeter von den Ioniern, die auf dem grossen Felsen der Akropolis, oder Obere Stadt (was der Name auf griechisch bedeutet), eine natuerliche Festung gruendeten. Als die Stadt wuchs, wurde sie der Goettin der Weisheit geweiht, der Athene, und nach ihr benannt.

Sie erfreute sich ihrer ersten Blueteperiode waehrend der Mykenischen Aera (1600-1100 B.C.). Am Ende des 6. Jahrhunderts B.C. konnte man sich der Tyrannei entledigen (Herrschaft eines Koenigs) und die demokratische Regierungsform welche folgte, fuehrte zu noch nie dagewesenen Erfolgen in der Geschichte. Im 5. Jahrhundert B.C. - der "goldenen Jahre" Athens -, unter der Fuehrung von Perikles, entfaltete sich die Stadt voll auf dem Gebiet der Kultur, des Handels und der militaerischen Staerke.

Waehrend der Hellenistischen und Byzantinischen Perioden war Athen eine zweitrangige Stadt. Nach Griechenlands Befreiung von den Tuerken 1834 wurde Athen zur Hauptstadt ausgerufen.

*Verschiedene Blicke: auf Athen: Im Hintergrund der Lykabittos, die Akropolis und las Herodes-Attikus-Theater.*

*Darstellung der Akropolis in klassischer Zeit.*

## DIE AKROPOLIS

Alles und jeder in Athen scheint unwiderstehlich von der Akropolis angezogen zu werden, dem 156 Meter hohen Kalksteinfelsen, welcher die Stadt kroent. Klar und deutlich sichtbar von allen Teilen Athens, stehen die gleichfoermigen und blendend weissen Saeulen des Parthenons gegen den blauen Hintergrund des Himmels, ein unsterbliches Symbol von Geist und Genialitaet der Menschheit. Archeologische Ausgrabungen ausgefuehrt an den Haengen und flachen Erhebungen der Akropolis haben erschlossen, dass dieser grosse Heilige Felsen erstmals waehrend dem Neolithischen Alter, vor einigen 6.000 Jahren, bewohnt war. Erst kamen die Pelasgianer, und dann die Ionier, um sich hier niederzulassen, hauptsaechlich in den Hoehlen entlang der noerdlichen Seite. In Zeiten der Gefahr suchten sie Zuflucht auf seiner Erhebung. Seine natuerlichen Quellen zog eine Sippe nach der anderen an, und im Laufe der Jahrhunderte dehnten sich die kleinen Siedlungen aus, auf die nachbarlichen Gebiete des Pnyx Huegels, der Agora und dem Keramikos. Ununterbrochene Besitznahme fuehrte zum Wachstum der Stadt, bis sie sich im der Mitte des 6. Jahrhunderts B.C. bis zum Fusse des Lykabettos und des Hymettus ausgebreitet hatte. Die ersten Steintempel wurden anfangs des 6. Jahrhunderts B.C. erbaut, und ersetzten die hoelzernen. Der Parthenon wurde der Goettin Athene geweiht. Einige der Skulpturen seines Giebels befinden sich im Akropolis Museum. Waehrend der Persischen Kriege wurde die Akropolis gepluendert (480-479 B.C.). Die ausgezeichneten Monumente, die wir heute besichtigen koennen, stammen aus der grossen Zeit des Widerraufbaus' unter Perikles, zwischen 460-429 B.C. Seit dieser Zeit, und durch das Mittelalter hindurch verblieb die Akropolis fast intakt.

Befestigungen, Ausschmueckungen und Aenderungen wurden von den verschiedenen Eroberern vorgenommen. 429 A.D. wurden die Tempel in christlich-orthodoxe Kirchen, und spaeter unter der Tuerkenherrschaft, wurde der Parthenon in eine Moschee, umgewandelt. Waehrend der Belagerung Athens durch die Venezianer 1687, wurden einige Gebaeude teilweise durch Kanonenkugeln und Braende, welche zwei Tage andauerten, zerstoert.

## Der Parthenon

Durch seine sichtbare Schlichtheit und Entwurf ist der Parthenon ein Gebaeude, dass auf der ganzen Welt beruehmt ist fuer seine architektonische Schoenheit und Harmonie, der Tempel der Jungfrau (griechisch: "parthena") Athena, beruehmt ist. Er ist aus Pendeli Marmor im Dorischen Stil erbaut, auf der gleichen Staette zweier vorheriger Tempel. Es dauerte 15 Jahre ihn fertigzustellen (447-432 B.C.).

*Die Akropolis und ihre Umgebung heute.*

*Die Akropolis mit dem Saronischen Meer im Hintergrund. In der Mitte der Parthenon.*

## Tempel Athene Nike

Die delikate und grazioese Struktur rechts der Propylaea (der monumentale Eingang der Akropolis) ist der kleine Tempel von Athene Nike, ebenfalls bekannt als Tempel des "Fluegellosen Sieges", erbaut im 5. Jahrhuntert B.C. zum Gedenken der griechischen Siege ueber die Perser. Seine Wandtafeln stellen Szenen der Schlachten dar. In diesem kleinen Tempel erwiesen die Athener der Athena Nike ohne Fluegeln (so das sie nicht von dannen fliegen konnte), ihren Respekt.

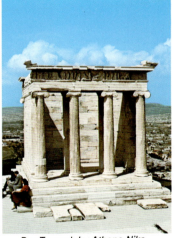

## Das Erechteio

Das Erechteio zeichnet sich aus durch die stattliche Pracht der jungen Priesterinnen, welche das Dach des Tempels mit ihren Haeuptern stuetzen. Das Erechteion war ein Tempel dem mythischen Helden-Koenig Erechtheus (welcher spaeter mit dem Apollo identifiziert wurde), geweiht. Den Athenern wurde erzehlt, dass hier Athene und Poseidon fuer den Schutz Athens wetteiferten. Athena gewann durch das Vorzeigen eines Oliven-zweiges, den sie dem Erdboden entnahm.

*Der Tempel der Athena Nike.*

*Das Erechtheion (Tempel im ionischen Stil) und die berühmten Karyatiden.*

# Das Akropolis Museum

*Der "Trisomatos Daemon" (Drei-Körper-Dämon) von einem Griebel aus dem 6. Jahrhundert v.Chr.*

Das Museum steht auf der suedoestlichen Seite der Akropolis und beherrbergt kostbare archeologische Funde, welche in Reihenfolge aufbewahrt sind, beginnend mit der Archaischen (800-600B.C.), ueber die Klassische (500-400 B.C.), und Hellenistische (300 B.C.), sowie Roemische Periode. Unter vielen hervorragenden Kunstwerken befinden sich im Raum 9 Skulpturen und gemeisselte Reliefs vom Giebel; Friese und Schmuckfelder des Parthenon, des Erechteio und des Tempel Athene Nike. Ebenfalls ausgestellt ist die einzigartige Sammlung der 'Kore' Statuen (junge Maedchen mit dem charakteristischen Archaier Laecheln).

Raum 2 zeigt den beruehmten "Moschophoros", einen Mann der ein Kalb auf den Schultern traegt. Eine ausgenommen schoene Arbeit. anerkannt fuer seine Komposition und Gestaltung.

Im Raum 5 sind Giebel figuren des "Gigantomachia", oder Schlacht der Giganten ausgestellt, vom alten Tempel der Athene, erbaut von Peisistratidis. Weiter Arbeiten des sogenannten "Seriosen Stils" sind im Raum 6 ausgestellt, darunter ein gemeisseltes Relief "Nachdenkliche Athene", sie scheint voellig in Gedanken versunken zu sein, ihren Kopf auf den Speer stuetzend. Das charakteristischste Werk des "seriosen Stils" ist der "Kritias Knabe" oder auch der "Blonde Knabe", sogenannt wegen der blonden Haarfarbe.

Im Raum 4 befinden sich ueberwiegend die "Kore" Statuen, unter ihnen "Peplos Tochter", benannt nach dem gegueerteten dorischen peplos (Mantel) den sie ueber ihrem Gewand traegt. Diese Statue ist beruehmt fuer beide, den Gesichtsausdruck und seine Orginalfarben.

**Links: Die "Denkende Athene". Rechts: Eine der "Archäischen Töchter".**

## Dionysus Theater

Ein Theater des alten griechischen Dramas, wo Stuecke der grossen Dramaten (Aeschylus, Sophokles, Euripides, Aristphanes, Menandrus) erstmalig praesentiert wurden. Es liegt am Fusse der Akropolis, im Sueden, neben dem "Heiligtum des Dionysus". Eigentlich hatte das Theater hoelzerne Sitze, welche 342-326 B.C. gegen steinerne ausgetauscht wurden, in der gleichen Form wie sie heute zu sehen sind. Es konnte 20,000 Besucher aufnehmen in 78 Sitzreihen. Die "erste" Reihe bestand as 67 marmornen "Thronsitzen", wo die hohen Persoenlichkeiten sassen (Priester, Ehrenbuerger, wichtige Persoenlichkeiten).

Das Orchester, der offene Halbkreis zwischen der Buehne und dem Publikum, war von den Roemern wieder erbaut worden. Sie organisierten Gladiatoren Vorstellungen sowie vorgetaeuschte Seeschlachten in diesem Theater.

*Das Theater des Dionyssos.*

## Odeum des Herodus Attikus

Dieses Theater am Fusse der Akropolis wurde im 2. Jahrhundert A.D. von Herodus Attikus erbaut, als ein Denkmal an seine Gattin Pegilla. Es hat die typische Form eines alten roemischen Theaters mit Sitzmoeglichkeiten (heute) fuer 5.000 Besucher. Die Sitze wurden 1950-1961 repariert. Eigentlich wurde es fuer musische Auffuhrungen und Dramen, sowie Wettbewerbe benutzt. Heute ist es das Haupttheater fuer die Athener Festspiele, welche jeden Sommer Konzerte, Vortraege, Musicals und Drama Auffuehrungen praesentieren.

*Das Odeion des Herodes Attikus bei einer Aufführung des Athener Festivals.*

## Museen in Athen

Die bekanntesten sind das National Museum, das Byzantinische Museum und das Benaki Museum. Ausserdem gibt es das Akropolis -, das National und Geschichtliche -, das Museum fuer Griechische Volkskunst, die Nationale Bilder Gallerie, das Theater Museum, das Geologische und Paleontologische Museum, u.a.

## Das National Archeologische Museum

International gesehen, ist es eines der wichtigsten Museen fuer uralte griechische Kunst. Einzigartig in der der Welt ist seine Mykenische Sammlung (Goldschmuck, kostbare Steine), die Sammlung kykladischer Kunst (Statuen und Goetterabbildungen), seine Sammlung Archaiischer Kunst (die beruehmte Statue des jungen Mannes "Kouroi" genannt, sowie Tongefaesse) und die gegenwaertig entdeckten einmaligen Fresken und anderen Funde von Thira (Santorin). Die reiche Sammlung der Vasen stammt aus allen Perioden, von der Vor-Geometrischen Aera bis zum 4. Jahrundert B.C. Die Epigraphische und die Numismatische Sammlung koennen ebenfalls hier besichtigt werden. Die letztere beinhaltet einige 300,000 uralte Muenzen.

## Das Byzantinische Museum

Es befindet sich in einem ehemaligen florentinischen Herrschaftshaus, erbaut im Jahre 1848. Hier werden Gegenstaende der byzantinischen Kunst, sowie Kirchengeraetschaften ausgestellt, eingeschlossen Kunstwerke byzantinischer und spaetbyzantinischer Skulpturen, Gemaelde, kleine Handarbeiten, Ikonen und Fresken.

Viele der Austellungsgegenstaende stammen aus Athener Kirchen, oder Kirchen der Umgegend.

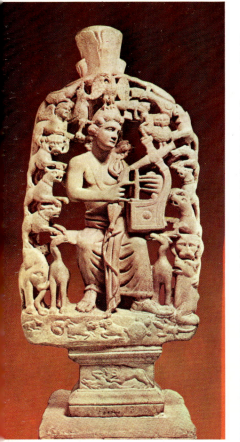

Links: Stehende gemeißelte 'Grabplatte, die Orpheus zeigt. (4.-5. Jahrhundert n.Chr., Byzantinisches Museum). Oben: Poseidon von Artemission (460-450 v. Chr., Nationales Archäologisches Museum). Unten: Hochzeitskissen aus Ioannina (18. Jahrhundert, Benaki Museum).

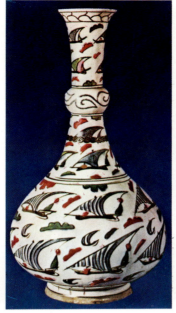

## Benaki Museum

Das Museum wurde 1930 von Anton Benaki gegruendet. Es ist in einem Gebaeude des neoklassischen Stils untergebracht, und enthaelt reiche und interessante Sammlungen antiker griechischer und byzantinischer Kunst, Juwelen, orientalische Ausstellungsstuecke, und viel chinesiches Porzellan vom Neolithischen Zeitalter bis zum 18. Jahrhundert A.D. Ausserdem koennen Kostueme, Stickereien, Teppiche, und Waffen besichtigt werden. Auch Schmuckstuecke der koptischen, muselmanischen und tuerkischen Kunstrichtung.

Oben links: Vase aus Nikaia, (Kleinasien 16. Jahrhundert, Benaki Museum). Oben rechts: Panathenische Amphore (360-359 v.Chr. Nationales Archäologisches Museum). Unten rechts: Der "Junge von Antikythira" (340 v.Chr., Nationales Archäologisches Museum).

Westlich der Akropolis liegt der **Areopagus,** ein felsiger Huegel, auf dem das aelteste Athener Gericht tagte. Ein niedrigerer Huegel, der **Pnyx,** war Treffpunkt der General Versammlung. Der hoechste dieser kleinen Huegel, welche der Akropolis zugekehrt sind, ist mit dem Monument des Philopappos gekroent - einem marmornen Gedenkstein aus dem 2. Jahrhundert A.D.

Die grazioesen und gigantischen Saeulen des **Olympos Zeus Tempels** erheben sich oestlich der Akropolis. Der Bau des Tempels begann 530 B.C. unter Peisistratos, wurde jedoch erst in der roemischen Zeit unter Hadrian, 129 A.D. fertiggestellt. Der **Hadrian's Bogen,** welcher nahe des Tempels des olympischen Zeus steht, wurde waehrend der Roemerzeit errichtet um die Grenzen zwischen der Stadt "Hadrian's" und der "Theseus" zu markieren, wie aus der Inschrift ueber den schlanken Saeulen, hervorgeht.

Andere Sehenswuerdigkeiten unter der Akropolis schliessen den achteckigen Turm, mit Inschriften und Figuren der Windgoetter, ein. Erbaut im 1. Jahrhundert B.C. als eine hydraulische Uhr, komplett mit Sonnenuhr und Wetteranzeige, ist dieses Monument gemeinhin als der **Turm der Winde** bekannt.

Das Denkmal des Lysicrates aus dem 4. Jahrhundert, ist ein Marmorgebaeude, in dem Lord Byron waehrend seines ersten Athen Besuches, wohnte. Dieses kreisfoermige Monument wurde von Lysicrates, dem Athener errichtet, der auch der Gewinner eines Gesangswettstreites im Dionysios Theater war. Es ist das einzige choragische Monument des Altertumes, dass heute noch so gut erhalten ist.

*Die Plaka.*

## DIE PLAKA

Die Plaka ist für Athen, was die königliche Oper für London, das Quarter Latin oder Montmarter für Paris ist. Die Plaka ist das Einkaufsviertel der Athener. Am Fuß des Akropolis-Felsen gelegen, ist sie schon von alters her das Zentrum Athens.

Bei jeden Schritt, in jeder Gasse, hinter jeder Kurve, gibt es eine neue, Überrraschung Kirchen, alte Ruinen, neo-klassizistische Gebäude, italienische Häuser, und in alles hineinverwoben das Leben des heutigen Athen. Hier wird der Besucher von den Farben und der malerischen Schönheit verzaubert.

Die Plaka ist einzigartig und von Farben sprühend, mit vielen Tavernen, Live- und Nachtclubs, Cafes, Plätzen, Bäumen, Säulen, Kirchen, Touristen und Leierkastenspielern.

Die Plaka hält Sie für Stunden und ganze Tage in Bann. Sie treffen überall in der Plaka auf unzählige Geschäfte. Für Ihre Souvenir-Einkäufe gibt es handgearbeitete Teppiche, Felle, Golf- und Silberwaren usw. Die Plaka ist das Künstlerviertel.

*Der Tempel des olympischen Zeus.*

*Das Denkmal von Philopappos.*

*Das Denkmal von Lysikrates.*

*Der Turm der Winde.*

**Lykabettos Huegel.** Auf dem Gipfel des konischen Huegel steht die Kapelle von St. Georg. Der Aufstieg zum Lykabettos kann zu Fuss, oder mit der Zahnradbahn gemacht werden. Einmal oben angelangt, ist die Aussicht belohnend. Erfrischungen und Mahlzeiten werden in der Snackbar oder im Restaurant serviert.

Einige der Gebaeude aus dem 19. Jahrhundert hier in Athen wurden von bayrischen Architekten geplant, waehrend der Herrschaft von Koenig Otto. Unter diesen, entlang der Stadiou Strasse, sind die bekanntesten: die Akademie, das Universitaets Gebaeude und die Staatsbibliothek. Alle drei sind im neo-klassistischem Stil erbaut.

**Syntagma Platz** ist das Herz des modernen Athens. Rundherum befinden sich die luxerioesen Hotels, Buero's und viele Strassenkafeehaeuser. Das Parliamanetsgebaeude (einst der koenigliche Palast) und das Grabmal des Unbekannten Soldaten sind am Kopfende des Platzes gelegen.

**Athens Stadium** wurde 1896 fuer die ersten modernen Olympischen Spiele komplett neu-erbaut. Es steht an der Stelle des alten Stadium, welches 330 B.C. erbaut worden war. Seine Aschenbahn misst 2-4 Meter mal 33.50 Meter. Hier finden 60,000 Besucher Platz.

Der **Tempel von Hephaestos,** Besser bekannt (wenn auch irrtuemlicherweise) als "Thissio", ueberschaut die alte Agora. Es ist einer des best erhaltenen Tempel Griechenlands.

Oben: Das Athener Stadion.
Mitte: Die Akademie.
Unten: Der Omonia-Platz.

*Der Tempel des Hephaestos und ein Teil der antiken Agora.*

*Am Syntagma-Platz halten die Evzonen Ehrenwache am Denkmal des Unbekannten Soldaten.*

Das Stadion des Friedens und der Freundschaft am Strand von Faliro.

Der Park und das neoklassizistische Gebäude des Stadt-Theaters von Piräus

# PIRAEUS

Groesster Hafen Griechenlands und einer der Groessten im Mittelmeer, ist eine Stadt in ihren eigenen Rechten. Mit einer Bevoelkerungsanzahl von fast einer Million, ist sie nur 10 km von Athen entfernt gelegen. Ihre strategische Wichtigkeit wurde waehrend der klassischen Aera etabliert, etwa 450 B.C., als Themistokles den langen Wall, welcher die beiden Staedte verbindet, errichtete. Gross Teile dieses Walles koennen noch heute besehen werden, wie auch Ruinen von anderen alten Gebaeuden, eingeschlossen zwei alte Theater. Die alten Haefen Zea und Munichia werden heute Passalimani und Mikrolimani, genannt, oder auch Tourkolimani der letztere. Zea ist einer der groessten Yachthaefen im Mittelmeer, waehrend Mikrolimani bekannt ist fuer seine Fischrestaurants am Hafenbecken, neben farbenpraechtigen Booten und kleinen Yachts, die hier vor Anker liegen. Hierher kommt man auf einer herrlichen kuestenstrasse, die von Zea aus nach Kastella und Neu Phaleron fuehrt.

Abgesehen davon, das Piraeus einer der geschaeftigsten Haefen im oestlichen Mittelmeer ist, konzentriert sich in seiner Umgebung auch die meiste Industrie des Landes. Alle Arten von Industriewerken, Fabriken, Stahlwerke, Lagerhaeuser und Docks breiten sich in alle Richtungen aus. Jedoch ist das Zentrum der Stadt eine gewaltige Ueberraschung. Es ist gut geplant und fleckenlos sauber, mit kleinen Parks und baumbestandenen Alleen. Seereisenden Passagieren, besonders denen, die auf die Inseln wollen, stehen eine Auswahl gut organisierter Linien, und Einschiffungs-Anlagen zur Verfuegung.

Beide, das Archeologische und Seefahrts Museum sind einen Besuch wert, ausserdem sollte man versuchen, wenigsten eine Vorstellung des "Veakeio" Theaters zu besuchen, das Freiluft-Theater auf dem Huegel Des Profeten Elias. Die Panorama Sicht ueber den Saronischen Golf und die Apollo Kueste ist atemberaubend am Abend.

Die kleinen Staedtchen in der Naehe Piraeus gelegen, Drapentsona, Keratsini, Perama, Nikaia, Korydallos, Kaminia und andere, haben ihre eigene Atmosphaere mit Fabriken, kleinen Haefen und Slumkvartieren.

Der Hafen von Zea (Passalimar

*Blick auf den Mikrolimano (Tourkolimano).*

*Das Daphni-Kloster.*

*Die Küste von Vouliagmeni.*

*Porto Rafti: Einer der östlichen Strände von Attika.*

## KLOSTER DAPHNI

Nur 11 km von Athen entfernt, an der Autobahn Athen-Korinth, liegt dieses schoene byzantinische Kloster aus dem 11. Jahrhundert in einem schattigen Hain. Zusaetzlich zu der Kirchenarchitektur findet man hier die brillantesten Beispiele der Mosaikkunst aus der Byzantinischen Periode.

Nahe des Klosters befindet sich ein Touristenpavillon, auf dem Gelaende wo jeden Sommer das Wein-Festival Athens, abgehalten wird.

## APOLLO KUESTE—SOUNION—MESSOGHIA

Die beste Art Attika zu entdecken ist eine Rundfahrt im Bus oder Auto, an der Apollo-Kueste entlang, auf einer schnellen szenenreichen Strasse, immer am Saronischen Golf entlang. Von Sounion aus faehrt man dann inlands durch Messoghia, oder dem Mittelland, nach Athen zurueck. Der Hoehepunkt dieses Ausfluges ist der Poseidon Tempel aus dem 5. Jahrhundert, welcher das Kap Sounion kroent, mit einer Aussicht weit auf die Aegaeis hinaus.

Die Rueckfahrt auf der Inlandroute, durch die vorbeirollenden Huegel von Messoghia, geht durch **typische Attika Landschaft**. Hier gibt es zwei Besichtigungen zu machen: Paeania und Pan's Hoehle (Hoehle Koutouki) und **Lavrion** (Laurium) bekannt im Altertum fuer seine Silberminen. **Hier in Messoghia gibt es winzige Doerfer wo man excellent essen und hiesigen Wein trinken kann in den kleinen Freiluft**tavernen.

*Die wunderbare Aussicht vom Poseidon-Tempel, ist, vor allem bei Sonnenuntergang, ist einzigartig in den Mittelmeerländern.*

## DIE SARONISCHEN INSELN

**Salamina** (das alte Salamis) liegt der attischen Kueste am naechsten und kann in etwa 20 Minuten mit dem Motorschiff von Piraeus aus erreicht werden. Die enge Wasserstrasse, welche die Insel vom Festland trennt, war Schauplatz der beruehmten Schlacht von Salamis (480 B.C.), wo die vereinten griechischen Flotten die Perser zur See schlugen.

Die Insel hat viele herrliche Straende, und man kann Boote fuer Inselrundfahrten mieten, welche Aufenthalte zum baden oder fuer eine Schalentier-Mahlzeit machen. Salamis ist die groesste Insel im Saronischen Golf.

**Aegina** ist landschaftlich attraktiv, mit saftigen Weingaerten, Pistazien Plantagen und Pinienwaeldern. Es ist seit alten Zeiten eine wichtige Insel, denn ihre

Oben: Der Tempel von Aphaea auf der Insel Aegina.
Mitte: Aegina. Der Hafen von Aegina.
Unten: Poros mit Galatas gegenüber.

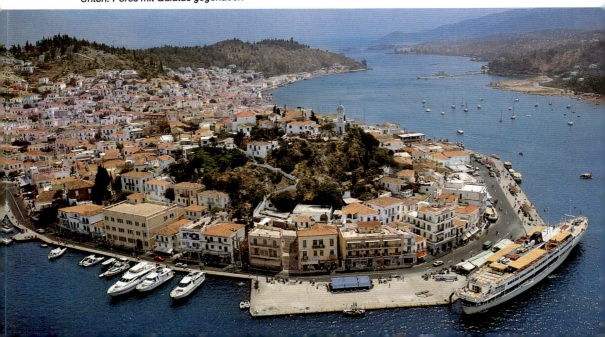

Haupstadt war fuer einige Monate die erste Haupstadt Griechenlands, im Anschluss an die Revolution von 1821. Auf der nordost Seite liegt der Aphea Tempel (5. Jahrhundert B.C.) hoch ueber dem Ferienort Aghia Marina (wo es einen Sandstrand gibt).

**Poros** ist gruen und waldig und liegt nahe der Peleponnes Seite, mit vielen Hektar Zitronenbaeume, deren Duft die Luft meilenweit erfuellt. Sehenswert auf Poros ist das Kloster Panaghia und die Ruinen des Poseidon Tempels, ausser den vielen ueblichen Straenden und schattigen Waeldern.

**Hydra** braucht keine Reklame. Langgezogen und felsig, ist diese Insel beliebt bei Kuenstlern und jungen Leuten. Hydra hat eine eigenartige Architektur, Schroffheit und unvergleichliche Farben.

**Spetse** ist die letzte Insel im Saronischen Golf. Klein und dicht bewaldet, kann es sich mehrerer schoener Straende und felsigen Buchten ruehmen. Es ist ein beliebtes Ferienziel, wo sich im Sommer reges gesellschaftliches Leben abspielt.

*Der Hafen von Hydra.*

*Spetses. Stadtbild mit seinen malerischen Kutschen.*

# 2 der peloponnes

Diese grosse Halbinsel ist wie eine Insel im Sueden Griechenlands geformt und aehnelt einem Maulbeerbaumblatt. Aus diesem Grund wurde es im Mittelalter Moreas (griechisches Wort fuer Maulbeerbaum) genannt. Ihr uralter Name war Peleponese oder Peleponissos (die Insel des Pelops, der mythische Koenig von Phrygeia, welcher spaeter ueber Ilia und Arkadia herrschte).

Seit dem Altertum machte man Versuche, den Isthmus, welcher Attika mit dem Peleponnes verband, zu trennen. Dieses geschah endlich im 19. Jahrhundert A.D., als der Kanal fertiggestellt wurde.

Die riesige Halbinsel breitet sich auf 21,439 km Bodenflaeche aus, und hat eine Bevoelkerung von etwa 1,000,000. Ihr groesster Teil ist ein Gebiet von Taelern abgeteilt durch sich auftuermende Berge, die sich bis auf 2,407 Meter (Taygetos) erheben. Huegel werden vo schnell fliessenden Fluessen unterteilt: Alphios, Pinios und Evrotas. Die Ebenen von Ilia, Messinia und Argolis sind die fruchtbarsten in ganz Griechenland. Die sieben Provinzen der Region sind: Achaia, Argolis, Arkadia, Ilia, Korinth, Lakonia und Messinia.

Es gibt Spuren von menschlicher Wirksamkeit so wei zurueck wie 100,000 B.C. Ueberreste aus dem Spaeten und Fruehen Steinzeitalter sind bei Ilia, Nemea, Lerna und anderswo entdeckt worden. Der Peloponnes erreichte seine Bluetezeit waehrend der Mykenischen Periode (1600-1100 B.C.), mit dem Wachstum solcher Staedte wie Mykaene, Tiryns, Pilos und Sparta, saemtliche von ihnen erfreuten sich einer ausgepraegt hohen Kultur.

Seit prehistorischen Zeiten wurden in Olympia die Olympischen Spiele als friedlicher Wettstreit zwischen Athleten aller Staedte Griechenlands, und deren Kolonien, abgehalten.

Waehrend der Klassischen Periode fuehrte die Rivalitaet zwischen Athen und Sparta zu den Peloponnes Kriegen, und damit begann der Verfall des alten Griechenlands.

Mit der Ankuft der Makedonier verlor der Peloponnes seine Unabhaengigkeit, und Alexander der Grosse wurde der anerkannte Fuehrer des "vereinten" Griechenlands. Der Verfall dieser Gegend war nicht aufzuhalten, trotz einer kurzen Periode von Wohlstand unter dem Achaier Buendnis, und den Bemuehungen um weitere Verbesserungen durch die Koenige Agis und Kleomis von Sparta. Das Ende kam 146 B.C. als die Armeen des Achaier Buendnisses von dem roemischen General Mummius geschlagen wurden. Nun wurde der Peloponnes gemeinsam mit dem restlichen Griechenland zur roemischen Provinz erklaert. Von dieser Zeit an erlebte der Peloponnes eine Reihe Ueberfaelle durch die Barbaren. Waehrend dieser Jahre von Unterdrueckung und Barbarismus lebte die gesamte Halbinsel im Schatten ihrer selbst. Die Byzantiner, welche sen Roemern folgten, machten den Peloponnes zu einer Provinz Byzanz'.

Waehrend der nachfolgenden Franken Herrschaft wurde die Halbinsel in 12 Lehen aufgeteilt (1204 unter Godfrey de Villehardouin), welche von Baronen aus Frankreich, Flandern und Burgund regiert wurden. Daher stammen die vielen mittelalterlichen fraenkischen Burgen. Die drei groessten Festungen waren Monemvassia, Mania und Mistras. Die letztere wurde spaeter eine byzantinische Stadt und erlebte viele Jahre der Pracht und Herrlichkeit. Der letzte Kaiser des Byzantinischen Reiches, Konstantine Paleologos, machte sich 1453 von Mistras aus, gen Konstantinopel wo er im Kampf gegen die Tuerken unter Mohamed II, fiel. Dieser besetzte denn Byzanz und Griechenland.

Fuer fast 5 Jahrhunderte verblieben der Peleponnes und andere Teile Griechenlands unter tuerkischer Besetzung. 1821 begann dann endlich der griechische.

Unabhaengigkeitskrieg hier auf dem Peloponnes. Im Anschluss an die Befreiung Griechenlands wurde Nafplion fuer einige Jahre (bis 1834) Griechenlands Haupstadt.

*Gegenüber: Der Kanal von Korinth (auf der Seite des alten Isthmus).*

*Seite 40-41: Der Tempel von Hera, in dessen heiligen Bezirk (Sekós) Hermes von Praxiteles gefunden wurde.*

## DAS ALTE KORINTH

Die Ruinen dieser einst so prachtvollen Stadt liegen hoch ueber der modernen Stadt auf einem Huegel, und ueberblickt Korinth und den Saronischen Golf. Wahrhaftig, beruhte der Reichtum und die Macht des alten Korinth auf der vorteilhaften Lage zwischen den beiden Haefen, Lechaion im Golf von Korinth, und Kechreae im Saronischen Golf. Korinth bestand schon in prehistorischen Zeiten, und erreichte die Hoehe seines wirtschaftlichen und kulturellen Fortschrittes unter der Herrschaft von Kypselus (7. Jahrhundert B.C.) und seinem Sohn, Periandrus.

Die wichtigsten Sehenswuerdigkeiten umfassen den Apollo Tempel (6. Jahrhundert B.C.), dessen Saeulen monolithisch sind, eine seltene architektonische Art in alten Zeiten. Den Brunnen von Pirene, den Marktplatz, Theater und Odeon, und die Tribuene, von welcher aus Paulus die Psalmen an die Korinther verlas (51 A.D.) sind nur einige beruehmte archeologische Ueberreste dieser Stadt die Zeuge seiner alten Bluete und Macht sind. Ein Erdbeben im Jahre 521 A.D. zerstoerte, was die Roemer nur halb zerstoert hatten, und was die gothischen Invasionen ueberlebt hatte.

*Oben: Tempel des Apollo mit dem Akrokorinth im Hintergrund.*

*Mitte: Brunnen von Peirene.*

*Unten: Blick auf die korinthische. Ebene vom Akrokorinth aus.*

Das kleine Museum am Ort ist ausserordentlich sehenswert.

## DAS NEUE KORINTH

Das moderne Korinth ist eine geschaeftige Provinzstadt mit 20,000 Einwohnern. Neuerbaut 1928 nachdem die alte Stadt durch ein Erdbeben zerstoert war, ist Korinth ein freundliche, ruhige Stadt und wichtiger Knotenpunkt der das Festland mit dem Peleponnes verbindet. Gute Hotels und Restaurants, lebhafte Esplanaden und Erholungsmoeglichkeiten machen es zu einer ausgezeichnete Basis fuer Ausfluege zu nahegelegenen Ferienorten und historischen Staetten.

## LOUTRAKIS

Oberhalb der Isthmus Bruecke und dem modernen Korinth gegenueber erheben sich die steilen Abhaenge des Gerania Gebirges, an dessem Fuss sich der bekannte Kurort Loutraki einnistet. Seine Mineral-Quellen haben Loutraki zu einem beliebten Touristen- und Badeort gemacht. Begrenzt vom Meer und den Bergen, besitzt dieser Streifen Kueste eine Reihe von ausgezeichneten Hotels und Restaurants, Straende und Bungalow Anlagen.

Wenige Kilometer entfernt im Westen liegt Perachora und die riesige Lagune von Vouliagmeni, welche ideal fuer alle Arten Wassersport ist. Unterhalb dieser Lagune befindet sich der Tempel der Hera, seitlich eines fast unversehrten alten Hafens.

*Oben: Luftaufnahme von Korinth.*
*Mitte: Blick auf den Loutraki-Strand.*
*Unten: Archäologisches Gebiet von Perachora.*

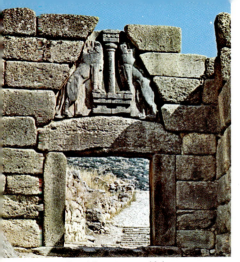

Das Löwentor von Mykene.

Nafplio.

## MYKAENE—ARGOS TIRYNS—NAFPLION EPIDAURUS—TOLO

Der nackte Huegel mit den Ueberresten von Mykaene, der maechtigen Zitadelle des Agamemnon, erhebt sich nur 4 km von der Hauptstrasse Korinth-Argos, am Kilometerstein 41. Mykaene war eine befestigte koenigliche Residenz, umgeben von riesigen Zyklopenwaellen. Nach archologischen Aussagen, soll Mykaene schon 3,000 B.C. bewohnt worden sein. Die Menschen lebten in kleinen Stadtgemeinden auf der Ebene unterhalb der zwei Huegel. Mykaene bluehte im 14. Jahrhundert B.C. Der Eingang zur Akropolis ist durch das beruehmte Loewen Tor, welches die Macht der mykenischesn Koenige symbolisiert - "eine reiche goldene Stadt" - nach Aussagen Homers. Unterhalb des Loewen Tors ist der Treppenaufgang, der zum Palast fuehrt. Auf dem Gipfel des Huegel koennen die Palastetagen besichtigt werden. Rechts des Eingangs liegen die sechs Schaftgraeber aus denen der koenigliche Friedhof besteht. Innerhalb der Palastmauern befinden sich mehrere Haeuser, Lagerraeume und Zisternen. Ausserhalb der Mauern sind die Bienenkorbgraeber, das groesste von ihnen ist die sogenannte "Schatzkammer des Atreus". Die meisten der bemerkenswerten und unbezahlbaren Gold - und Elfenbeinfunde von Mykaene siind im National Archeologischen Museum in Athen, ausgestellt.

6 km von Mykaene entfernt liegt die Stadt **Argos**. Sie war zusammen mit Theben - einer der maechtigsten Stadt-Staaten im alten Griechenland, vor Korinth's Aufstieg.

Argos besitzt einige alte Ruinen und ein Museum mit interessanten Ausstellungstuecken. Heute ist es ein Handels- und Landwirtschaftszentrum der Argolis.

Die Ruinen des prehistorischen Tiryns liegen etwa 8 km von der Strasse entfernt, die von Argos nach Nafplion fuehrt. Auch hier rahmen massive Zyklopenwaelle den Palast ein, sowie den heimlichen Ausgang, unterirdische Zisternen, Tunnels und Kammern.

*Untenlinks: Tolo ist ein moderner Küstenort, zum Sonnenbaden, Schwimmen und für Wassersport. Unten rechts: Die kleine Festung von Bourdzi in der Bucht von Nafplio.*

*Mykenische Kunst: Teil eines Wandgemäldes aus dem Palast von Tiryns (13. Jh. v.Chr.*

Von Tiryns aus fuehrt eine gerade Strasse nach **Nafplion**, eingerahmt an beiden Seiten von Zitronen - und Orangenhainen, die die Luft mit ihrem Duft fuellen. Nafplion ist eigentlich zwei Orte in einem - eine moderne Stadt am Meer, und die alte Stadt, welche einst als fraenkisch-venezianisches Bollwerk diente, mit seiner Festung, welche die Umgebung vom Palamidi Huegel aus dominierte. Nafplion, Hauptstadt des modernen Griechenlands vor Athen, hat einen natuerlichen Charm, der sie zu einer beliebten Stadt waehrend aller Jahreszeiten, macht. Im Sommer promenieren die Touristen durch die engen Gaesschen oder sitzen in den Strassencafees am Hafen. Die kleine Festung inmitten der Bucht nennt sich Bourdzi.

**Epidaurus** (Epidavros) liegt in einer idyllischen Landschaft, etwa 30 km von Nafplion entfernt. Im 6. Jahrhundert B.C. war es das Heiligtum von Asklipios, dem Gott der Medizin, und war ein Therapiezentrum fuer Pilger aus allen Teilen Griechenlands. Rezepte fuer medizinische Heilanwendungen auf Inschriften festgehalten wurden im Heiligtum aufgefunden und koennen heute in dem kleinen Museum besichtigt werden. Das alte Theater von Epidaurus ist ein Wunderwerk an Harmonie und Akustik. Es wurde im 4. Jahrhundert von Policleitus dem Juengeren erbaut und ist eines der best erhaltenen alten Theater Griechenlands. Es faesst etwas 14,000 Besucher.

Die Epidaurus Festspiele der heutigen Tage ist die Wiederauflebung des alten Festivals, welches alle vier Jahre zu Ehren von Asklepios, mit Musik Veranstaltungen und Theater Vorfuehrungen, stattfand.

*Das Theater von Epidaurus.*

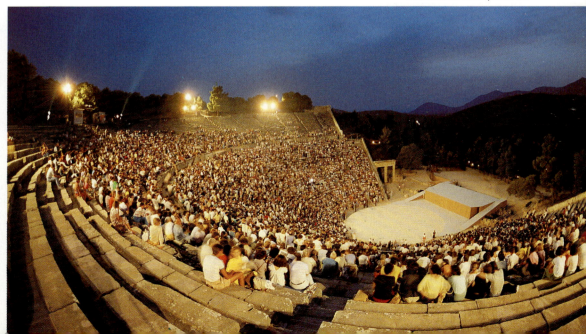

*Tripoli: Die Statue von Kolokotronis.*

*Paralio Astros von seiner venezianischen Burg aus gesehen.*

*Githio mit der Insel Kranai und seinem Leuchtturm.*

## TRIPOLIS—SPARTA—MISTRAS—GYTHION—

Nach Argos ist die erste Stadt auf dem suedlichen Peleponnes, die der Besucher erreicht, **Tripolis,** die groesste Stadtgemeinde der Provinz Arkadia. Tripolis ist als Ferienort derjenigen beliebt, die der Sommerhitze entkommen wollen. Andere nahe gelegenen Ferienziele sind Vytina auf dem Menaion Berg, Leonidi und Astros an der Ostkueste des Peleponnes.

Waehrend wir von Tripolis aus suedlich fahren, sehen wir den Taygetos und den Parnon in der Ferne. Wir befinden uns nun in Lakonia und die naechste Stadt auf unserer Route ist **Sparta,** mit seiner reichen historischen Vergangenheit. Die Stadt wurde einst von den Doriern im 9. Jahrhundert B.C. gegruendet, und in den folgenden zwei Jahrhunderten entwickelte sie sich militaerisch zu den maechtigsten Griechenlands, dank seiner strengen und nuechternen, jedoch effektiven Gesetzen, eingefuehrt von dem Gesetzgeber Lycurgus. Der grosse Peleponnes Krieg (431-404 B.C.) war eigentlich ein Konflikt zwischen den zwei rivalisierenden poiltischen Ideale-das kulturelle Athen und das militaerische Sparta. Und trotzdem der Sieg an den nuechternen Lycurgus Staat,

*Der unterirdische Fluß von Glyfada in Diros, der als einer der schönsten Höhlenseen der Welt bezeichnet wird.*

Sparta ging, konnte dies den Verfall im Jahre 371 B.C. nicht verhindern.

Das moderne Sparta ist ein aufwaerts strebendes Industrie- und Landwirtschafts Zentrum mit breiten Strassen, Parks, Hotels mit modernen Einrichtungen, Restaurants und Geschaeften. Das nahe gelegene Mistras hat Sparta zu einem lebhaften Touristenzentrum gemacht. Die verbliebenen Ueberreste in Sparta stammen aus der roemischen - und Byzantinischen Periode, werden aber in keiner Weise der Macht und dem Einfluss des einstigen Stadt-Staates, gerecht.

**Mistras** (6 km von Sparta) war einst ein blendendes Fort des byzantinischen Reiches, mit Palaesten, Haeusern, Klostern und Kirchen, im 13. Jahrhundert waehrend der fraenkischen Besetzung, gegruendet. Mistras ist heute ein riesiges Museum von Architektur, Skulptur und bildende Kunst, welches dem Besucher einen lebhaften Eindruck jener glorreichen Aera uebermittelt.

**Gythion** war in alten Zeiten Sparta's Hafen und Marinebasis. Der Geschichte nach, ist es jener Ort, von wo aus Paris und Helen von Troja nach Aegypten flohen, nach einer der beruehmtesten Entfuehrungen aller Zeiten.

*Die byzantinische Festungsstadt Mistras.*

Heute ist es ein friedlicher kleiner Hafen und Tor zu der Gegend von Mani und die Hoehlen von Diros. Es ist ebenfalls ein idealer Ausgangspunkt fuer Ausfluege nach Monemvassia, die zweitwichtigste byzantinische Festungsstadt auf den Peleponnes.

## MONEMVASSIA— MANI

**Monemvassia** wurde oft als das Gibraltar Griechenlands beschrieben. Es liegt auf einem riesigen nackten Felsen, der sich steil und grimmig aus dem Meer erhebt, an der Ostkueste des suedlichen Vorgebirges des Peleponnes. Sie Wurde nach der einzigen Passage, durch die sie erreicht werden kann, benannt. Diese mittelalterliche Stadt hat heute nur wenige Einwohner jedoch leben etwa 500 Menschen nahe bei in der modernen Siedlung Yefira.

Monemvassia erhaelt bis heute seinen mittelalterlichen Charakter und Atmosphaere -ein lebendes Stueck Geschichte - dichkoepfig die Zeit

*Der Felsen von Monemvasia ("einziger Eingang, einziger Durchgang") und die an seiner Ostküste gebaute Stadt.*

herausfordernd. Franken, Byzantiner, Venezianer und Tuerken sind hier durch gezogen, Spuren ihrer Gegenwart hinterlassend. In seinen Mauern der sogenannten "Unteren Stadt" gibt es mehrere interessante alte Haeuser entlang der Kopfsteinpflasterstrasse und viele byzantinische Kirchen mit einmaligen Fresken und Ikonen. Hoch interessant ist auch die mittelalterliche Akropolis, eine Festung in der Festung, mit ihrer Kirche aus dem 14. Jahrhundert, der Aghia Sofia, und einem verfallenen Palast.

**Mani,** auf dem suedlichen Peleponnes, ist der einzige Teil Griechenlands, welcher es niemals einem Fremden gestattete, ihn in Besitz zu nehmen. Seine Besitzer sind genauso neuechtern wie seine Landschaft, und genauso traditionsbewusst. Die hohen "Tuerme" sind heute verlassen.

Areopolis, das Zentrum von Mani, hat eine interessante alte Kirche (Taxiarchi - Archangels).

Mani ist auch fuer seine spektekularen Meereshoehlen bekannt (Vlychada, Katafighi, Alepotrypa, Voughiordhi, Citta-Vecchia, Alatsospilo und andere).

*Die Kirche Ag. Sofia, blickt auf unendliche Weite.*

*Mitte: Vatheia oder Polygyros, ein traditionelles maniotisches Dorf.*

*Unten: Blick auf Kithira von einer venezianischen Burg aus.*

## KYTHIRA

**Kithira** kann von Piraeus, Gythion und Monemvassia aus erreicht werden. Es ist eine der sieben Ionischen Inseln, der Eptanissia, gehoert aber geografisch zum Peleponnes, da sie im Golf von Lakonia liegt. Diese mythische Insel der Aphrodite war einst eine Minoische und dann ein Phoenizische Kolonie, bevor sie in die Haende der Lakedaemonianer geriet. Im Mittelalter war sie erst eine Piratenbasis und spaeter eine venezianische Kolonie. Der venezianische Einfluss drueckt sich in der Bauweise der Burg und der Haeuser aus.

## KALAMATA—PILOS—METHONI—KORONI—CHORA

Oestlich die Kuestenstrasse entlang reisend, kommen wir nach Messinia, eine Provinz, deren Hauptstadt **Kalamata** ist; eine lebhafte Handelsstadt mit 40.000 Einwohnern. Die Strasse, welche Kalamata suedwestlich verlaesst, fuehrt nach **Pilos** (51 km), einem charmanten Kuestenstaedtchen, das auch als Navarino bekannt ist. Es ist die Staette der beruehmten Seeschlacht waehrend der griechischen Unabhengigkeitskriege, wo die vereinten Flotten von Russland, England und Frankreich die tuerkisch-aegyptische Flotte, schlugen.

Die kleine Insel **Sfakteria**, Pilo gegenueber liegend, gibt den Anschein eines laenglichen natuerlichen Wellenbrechers gegen die Ionische See.

Suedlich von Pilos befinden sich die beiden interessantesten Staedte mit ihren mittelalterlichen Burgen, **Methoni** und **Koroni**, einst bekannt als die "Beiden Augen von Venedig", auf Grund ihrer strategischen Lage.

Noerdlich von Pilos und nahe des malerischen Dorfes **Chora** liegt auf einem Huegel, der **Palast des Nestor,** der weise alte Koenig, welcher die Archaier in ihrer Kampagne gegen Troja unterstuetzte. Der beruehmte mykenische Palast wurde 1200 B.C. durch ein Feuer zerstoert. Tontafeln, welche in den Ruinen gefunden wurden, bestaetigten die Tatsache, dass die Mykener eine Art Altgriechisch, sprachen. Die meist beendruckenden Ueberreste sind der Thronsaal und der monumentale Eingang. Das kleine Museum in Chora beherrbergt Freskos' und "Linear B" Tafeln, welche aus dem Palast stammen, sowie andere interessante Funde.

*Oben: Die Burg von Kalamata vom Norden aus.*

*Mitte: Die schöne Stadt Pylos ist nur 150 Jahre alt.*

*Unten: Die flache sandige Bucht von Methoni und die mittelalterliche Burg.*

*Rekonstruktion der Zeusstatue aus Gold und Elfenbeine einem der sieben antiken Weltwunder.*

## PYRGOS—OLYMPIA

**Pyrgos** (319 km von Athen, 96 km von Patras, 153 km von Tripolis) ist eine farbenpraechtige Stadt, mit Landwirtschaft und Handel, und Hauptstadt der Provinz Elia.

Von Pyrgos aus gabelt sich die Strasse oestlich, und fuehrt durch das fruchtbare Tal von Elias, einer der uralten Stadt-Staaten des Peleponnes. In der Mitte des Tales, wo die Fluesse Alphios und Cladeos fliessen, liegt **Olympia**. Hier wurden alle vier Jahre zu Ehren des olympischen Gottes Zeus, die Olympischen Spiele abgehalten, in der vorgeschichtlichen Zeit. Zwischen 776 B.C. (das erstmals niedergeschriebene Datum und der Beginn Griechenlands alter Geschichte) und 393 A.D. basierte Griechenlands Kalender auf diesen Spielen. Die Olympischen Spiele beinhalteten nicht nur sportliche Konkurrenzen, sondern auch das Rezitieren von Gedichten, das Vortragen von Geschichten, Debatten von philosofischen und anderen Themen, und vom Jahre 67 A.D. an, auch poetische, musiche und dramatische Konkurrenzen. Die modernen Olympischen Spiele lebten 1896 in Athen wieder auf. Selbst heute wird die Olympische Flamme alle vier Jahre wieder an dieser geweihten Staette entzuendet, und wird dann zu dem jeweiligen Stadium der Spiele des Jahres, transportiert.

Im Museum kann die hervorragende Statue des Herme von Praxiteles, bewundert werden. Beruehmt war ebenfalls die aus Gold und Elfenbein geschaffene Statue des Olympischen Zeus, von Phidias.

*Das Anzünden des olympischen Feuers im antiken Olympia für die modernen Olympischen Spiele.*

*Gegenüber: Die Hermes-Statue (erschaffen von Praxiteles im 4. Jahrhundert v.Chr.)*

*Das Philippeion, ein religiöses Bauwerk, gebaut von der Familie Alexanders des Großen.*

## PATRAS—AIGION—DIAKOFTON—MEGASPILEO—KALAVRYTA—AGHIA LAVRA —KIATO

**Patras** ist der drittwichtigste Hafen Griechenlands, gelegen an der nordoestlichen Kueste des Peleponnes. Es gibt hier 115,000 Einwohner, und er ist ein geschaeftiges Industrie- und Handelszentrum, sowie Hafen mit Faehrschiffverbindung nach Italien.

Einen angenehmen Spaziergang kann man bis zur Oberen Stadt oder Psila Alonia machen, hier hat man Aussicht ueber die Stadt und ihre Umgebung. Einen Besuch wert sind auch die Weinkellereien von Achaia Clauss Co., ausserhalb der Stadt. Auf dem Huegel ueber Patras erhebt sich eine venezianische Burg, welche auf der ehemaligen Staette der uralten Akropolis erbaut wurde. Die Sicht von hier reicht bis nach Zakynthos und Kefalonia, zweier Ionischer Inseln. Suedwestlich der Burg befindet sich das roemische Odeon, entdeckt 1889. Die Steinsitze mit Marmor belegt, sind fast gaenzlich erhalten.

Karneval in Patras wird jaehrlich im Fruehjahr gefeiert und zieht Menschenmassen von ganz Griechenland an.

Die Autostrasse oestlich von Patras ist schnell, neu und man hat eine herrliche Aussicht. Sie klammert sich an gruene Huegel ueber 215 km (Patras-Korinth-Athen), waehrend sie an der Nordkueste des Peleponnes entlang laeuft. Diejenigen, welche der landschaftlichen Schoenheit der Fahrgeschwindigkeit dem Vorzug geben, geniessen sicher die alte Landstrasse mehr, als die paralell laufende Autobahn.

**Rion** und **Antirion** verbinden den Peleponnes mit

*Oben: Die Kirche des Schutzherren, des Hl. Andreas von Patras.*

*Mitte: Der Hafen von Patras, das sog. "Westtor" von Griechenland.*

*Unten: Blick auf Aigion.*

*Das große Höhlen-Kloster, eines der bekanntesten in Griechenland.*

*Der Banner des Unabhängigkeitskrieges (1821).*

Zentalgriechenland durch einen Faehrschiffdienst, und liegen sich genau gegenueber, getrennt durch eine 2 km breite Wasserstrasse, nordoestlich von Patras. Die Ueberfahrt dauert nicht einmal eine halbe Stunde, und ist der leichteste Zugang zum westlichen Festland (Nafpaktos, Messolonghi, Arta, Ioannina, Igoumenitsa).

Nach Patras, auf dem Wege nach Athen, ist die naechst groessere Stadt, **Aigion,** ein Handelsstaedtchen mit geschaeftigem Hafen, vielen Tavernen und herrlichen Straenden.

**Diakofton,** ein malerisches Staedtchen weiter entlang der Kueste (auf dem Weg nach Athen), ist Ausgangspunkt fuer den Anstieg zum Kloster von **Mega Spileo.** Die Anfahrt kann man mit einer Zahnradbahn machen, welche langsam die prachtvolle Vouraikos Schlucht ueberklettert, die Chelmos Berge hinauf.

Mega Spileo (Grosse Hoehle), sogenannt wegen der Hoehle, die sich hinter der Kirche befindet, in welcher eine Ikone der Heiligen Jungfrau gefunden wurde. Eine Reihe von Braenden zerstoerten die eigentlichen Gebaeude, die jahrhundertalte Buecherei und wertvolle Manuskripte. Das heutige Kloster wurde nach dem grossen Brand von 1934 gebaut. Die Ikone der Heiligen Jungfrau, sie soll von St. Lukas gemalt worden sein, blieb unbeschaedigt von allen Schicksalsschlaegen, welche das Kloster erlitt, und kann noch immer in der Hoehle besichtigt werden, wo sie 342 A.D. gefunden wurde. Die Diakofton-Kalavryta Landstrasse verlaeuft fast paralell zur 22 km langen Zahnradbahnstrecke.

**Kalavryta** ist ein grosses Bergdorf, sehr malerisch und kuehl im Sommer. Ein begehrter Ferienort mit guten Hotels, Tavernen und Restaurants.

Weitere 45 Minuten Fahrt entlang der Asphaltstrasse bringt uns zu dem historischen Kloster des 10. Jahrhunderts, **Aghia Lavra.** Hier gab der Erzbischof Germanos am 25. Maerz 1821 seinen Segen fuer den beginnenden Unabhaengigkeitskrieg Griechenlands. Das Kloster verfuegt ueber eine Herrberge, sowie eine sehr interessante Sammlung von Manuskripten und anderen Gedenkstuecken.

Weitere Besichtigungen an der Strasse von Patras nach Athen sollte man im idyllishen Xylokastron dem Landwirtschafts- und Handelszentrum Kiato (nahe dem uralten Sikyon und dem Stymphalia See), u.a., machen.

*Die historische Kirche des alten Klosters von Agia Lavra.*

# 3 zentral griechenland

Dieser Teil des griechischen Festlnades ist wohl der groesste des Landes, sich von der Aegaeis im Osten bis zum Ionischen Meer im Westen, ausdehnend. Im Sueden umarmt es der Saronische - und der Golf von Korinth, und reicht im Norden bis hinauf nach Thessalien. (Ueber Attika, siehe Seiten 18-37).

Zentralgriechenland ist hauptsaechlich eine gebirgige Region, dominiert von einem Massiv, welches sich aus dem Giona, Agrafa, Tymphistos, Vardoussia, Parnassus und Iti, zusammen setzt. Viele kleine unf fruchtbaren Ebenen und Taeler liegen zwischen diesen Gebirgen, deren Formation von den Fluessen Sperchios, Acheloos, Kifissos, Asopos und Mornos bestimmt werden. Die goressten Seen sind der Trihonis und der Amvrakia im westlichen Griechenland, und der Iliki im oestlichen. Das Klima ist nirgendwo das gleiche, waehrend das Kuestenklima mittelmeermaessig ist, herrschen im Inland und den Bergregionen strenge Winter, und angehehm kuehle Sommer.

Die Hauptprodukte Zentragliechenlands sind Olivenoel, Wein, Baumwolle, Getreide, Reis und Tabak. In den Berggegenden ist Viehzucht stark entwickelt. Erze werden ebenfalls gefoerdert: Zinn und Zink, Lavrion, Bauzit in den Bergen vom Parnassus und Giona, Marmor vom Penteli.

Zentralgriechenland war Geburtsstaette des Hellenismus seit sehr alten Zeiten. Faktum ist, das die aufgezeichnete Geschichte dort beginnt, wo sich spaeter die bedeutendsten Staedte der alten Welt entwickelten; naemlich Athen, Theben und Delphi.

Diese Region bluehte ebenfalls waehrend der Byzantinischen Periode, als Staedte wie Theben dicht besiedelt waren, und sich einer erfolgreichen Industrie und Handels erfreuten.

Waehrend der tuerkischen Besetzung, spielte Zentralgriechenland gemeinsam mit dem Peleponnes eine wichtige Rolle im Kampf um die Freiheit, besonders da die hahlloesen griechischen Rebellen von ihren Berstecken aus, in den Feind leicht angreifen konnten.

## NAFPAKTOS

Nur 13 km von Antirion entfernt, ist Nafpaktos eine bunte und offene Kuestenstadt, den meisten Menschen besser als Lepanto bekannt, der stolze Name einer grossen Seeschlacht von 1571, welche der tuerkischen Seeuebermacht im oestlichen Mittelmeer ein Ende bereitete. Die zwei kleinen Burgen, von den Venezianern erbaut, an beiden Seiten des winzigen Hafens, waren einmal durch Ketten miteinander verbunden. Der Hafen diente als Unterkunft fuer Schiffe, welche hier Zuflucht suchten. Als die Venezianer 1700 abwanderten, wurde Nafpaktos zu einem Piratennest, bis zu seiner Befreiung von der tuerkischen Herrschaft.

Es gibt vieles was den Besucher in Nafpaktos interessiert. Das Maerchenschloss auf dem Gipfel des Huegels ist venezianisch, die Grundmauern jedoch wurden von den Pelasgiern gelegt, im Jahre 1400 B.C., Reparaturen und Anbauten der Waende wurden von den Mykenern ausgefuehrt, sowie den Roemern, den Byzantinern, Venezianern und Tuerken. Die Aussicht von den Schlosszinnen ist zauberhaft, und so ist ein Spaziergang durch die bewaldeten Anlagen.

*Nafpaktos.*

# MESSOLONGHI— AETOLIKON— AGRINION— AMPHILOCHIA— VONITSA

Diese heroische kleine Stadt im westlichen Griechenland liegt an der Kueste einer weiten und flachen Lagune in der Provinz von Aetolo-Acharnania. 1826, waehrend des Unabhaengigkeitskrieges, war die Welt von dem heldenhaften Exodus der 2,000 Einwohner beeindruckt, welche die Linien der riesenhoch ueberlegenen tuerkischen und aegyptischen Streitkraefte, durchbrachen. Wenigen nur, gelang der Durchbruch, und in Erinnerung an diejenigen, welche bei dem heldenhaften Versuch umkamen, zelebriert Messolonghi jedes Jahr den Grossen Exodus. Die Stadt ist ebenfalls bekannt fuer ihr romantisches Buendnis mit Lord Byron und anderen Philhellenen, welche hier verstarben.

**Aetolikon** (9 km von Messolonghi auf der Strasse nach Agrinion) ist ein malerisches Kuestenstaedtchen, das mit seinen Lagunen an ein kleines Venedig erinnert.

Das wichtigste Zentrum der griechischen Tabaksindustrie ist **Agrinion** (34 km von Messolonghi entfernt).

Von der charmanten Stadt **Amphilochia** (40 km von Agrinion entfernt), den Amvrakkikos Golf umfahrend, erreicht man die idyllische kleine Stadt **Vonitsa** mit seiner fraenkischen Burg.

*Blick auf Messolonghi.*

*Blick auf Amphilochia.*

*Blick auf Nafpaktos mit seinen zwei kleinen Burgen am Hafen.*

## THEBEN

Tausende von Jahren griechischer Geschichte bedecken die Staedte und Plaetze dieser Gegend rundum diese beiden Landstrassen von Athen nach Lamia.

**Theben,** der einstige Stadt-Staat, welcher mit Athen in der Schlacht von Chaeronia im 4. Jahrhundert B.C. fiel, hat wenig von seiner vergangenen Gloria und Reichtum aufzuweisen. Die Ueberreste eines mykenischen Palastes koennen in der Pindar Strasse besichtigt werden, und in Museum-Naehe die Ruinen einer mittelalterlichen Burg. Die prehistorische Stadt und der Palast von Cadmus, Gruender Thebens, liegen auf einem Huegel ausserhalb der Stadt.

Hier wurden Tafeln der "Linear B" und Siegel aus dem 14. Jahrhundert B.C., gefunden.

## KAMENA VOURLA— THERMOPYLEN

An der Ostkueste des griechischen Festlandes liegt der Kurort **Kamena Vourla**, mit seinen heissen Quellen. Am Rande einer bewaldeten Kuestenlinie, welche zu einem wurderschoenen Strand abflacht.

**Thermopylae** ist die beruehmte Staette der historischen Schlacht zwischen den Spartanern, angefuehrt von Leonidas, und der Persischen Armee Xerxes' (480 B.C.). Das

*Das Denkmal des Leonidas und seiner 300 Spartaner bei den Thermophylen.*
*Typischer Volkstanz während der Osterzeit in Zentralgriechenland.*

*Blick auf Kamena Vourla.*

riesige Monument des Leonidas und 300 Zypressenbaeume gedenken des Todes der heldenhaften Spartaner.

# LAMIA— KARPENISSI

**Lamia** liegt an der Atobahn nach Thessaloniki (214 km von Athen entfernt). Man kann es auch von Levadia aus erreichen. Lamia ist ein wichtiger Strassen- und Bahnknotenpunkt, sowie Ausgangspunkt fuer Ausfluege in die bergigen Inlandgebiete. Lamia selbst ist eine angenehme Stadt, die von zwei Pinienbewachsenen Huegeln eingerahmt wird. Auf dem Gipfel des einen steht eine mittelalterliche Festung, die Akrolamia.

Der bevorzugte Ferienort dieser Gegend ist **Karpenissi**, im Herzen Roumelis. Von Lamia aus schlaengelt sich die Strasse die Haenge des Tymphristos Gebirges hinauf, etwa 80 km bevor es dieser kuehle und herrliche Bergdorf erreicht, dass von praechtiger Szene und atemberaubender Sicht umgeben ist.

*Das Denkmal des Helden der griechischen Revolution, Athanassios Diakos, auf einem Platz in Lamia.*

*Das Kloster Osios Loukas.*

*Ansicht von Arachova.*

*Charakteristischer Volkstanz mit traditionellen Kostümen.*

# LEVADIA

**Levadia** ist eine moderne Handelstadt und Rastplatz fuer den Besucher auf seinem Wege nach Delphi. Ueberall im Stadtzentrum gibt es Restaurants, Cafées, und Snackbars, welche die "souvlakia" servieren, eine Spezialitaet dieser Stadt. Gleich beim Zentrum, am Fusse eines Huegels und neben einem kuehlen Strom befindet sich der Touristenpavillon und ein Freiluft-Restaurant mit Tischen und riesigen Platanen. Gegenueber des Pavillons befindet sich die Hoehle des beruehmten alten Orakels von Trophonios. Ueber diesem Platz, auf dem Huegel steht eine mittelalterliche Burg. Der Glockentrum dieser Stadt ist ein Geschenk von Lord Elgin. Levadia bietet ein reiches Sortiment an oertlichen Handarbeiten an.

Andere Staedte und **Plaetze** von historischem Interesse in Zentral-griechenland sind **Chaeronia,** Geburtsort Plutarch's, und Staette wo Phillip von Mazedonien die Athener 338 B.C. besiegte. Ein kolossaler Steinloewe steht dort im Gedenken an diese beruehmte Schlacht. Das kleine Museum beherrbergt Ausstellungstuecke aus dieser Gegend. Ebenfalls von Interesse sind die Ruinen des alten Theaters unterhalb der Akropolis dieser Stadt.

Nicht weit von hier befinden sich die Ruinen der befestigen mykenischen Stadt **Orchomenos** mit dem domfoermigen Grab, auch genannt "Schatzkammer von Minyas", seines legendaeren Erbauers.

Die Aussicht von der Klosterterrasse ist superb, mit dem unterhalb liegenden gruenen Tal. Die meisten Besucher auf dem Wege nach Delphi machen eine Rast in

# OSSIOS LOUKAS

Halbwegs von Levadia nach Delphi biegt die Strasse nach

*Der Löwe von Cheronia.*

*Das Ski-Zentrum des Parnassos-Berge.*

links ab und fuehrt zum Kloster **Ossios Loukas**, aus dem 11. Jahrhundert. Seine byzantinische Kirche ist mit ausgewaehlten Mosaiken geschmueckt und architektonisch eines der hervorragendsten byzantinischen Monumente dieses Landes. Die Aussicht von der Klosterterrasse ist wuderbar, mit einem gruenen Tal unterhalb. Viele Besucher besuchen das Kloster auf dem Wege nach Delphi.

## ARACHOVA

Von Levadia kommend, etwa 6 km vor Delphi, steigt die Strasse die Haenge des Parnassos hinauf, ihren Weg durch rauhe aber bezaubernde Landschaft bahnend, und fuehrt durch **Arachova**. Dieses malerische Dorf klebt an einem Vorsprung des Abhanges dieser Berge. Die Hauptstrasse ist mit Geschaeften eingerahmt, welche eine grosse Auswahl an traditionellen Handarbeiten feilbieten, eingeschlossen die wohlbekannten "Flokati" Teppiche. Ostern ist eine der farbenpraechtigsten Begebenheiten in Arachova, mit Freiluft-Feierlichkeiten, Volkstaenzen und dem orginellen Wettkampf dem "Rennen der alten Maenner" an einem Abhang des Parnassos Gebirges.

Das Parnassos Ski-Zentrum ist von Arachova aus zu erreichen, auf einer guten Strasse (23 km) die in die Fterolakas Gegend fuert. Das dortige Zentrum befindet sich in einer Hoehe von 1,650-2,000 Meter.

## AMPHISSA—ITEA—GALAXIDI

21 km von Delphi entfernt liegt **Amphissa**, mitten in einem ausgedehnten Olivenhain. Sie istHauptstadt der Provinz Phokis und es gibt hier Ueberreste von alten Waellen und einer fraenkischen Burgruine.

**Itea** (19 km von Delphi) ist ein malerischer Hafen am Golf von Itea belegen, nahe der Ruinen von Kirtha, dem Hafen des alten Delphis.

**Galaxidi** ist ein attraktives Staedtchen am Meer, nahe Itea. Es war ein reiches Einkaufszentrum im 17. und 18. Jahrhundert.

*Ansicht von Galaxidi.*

# DELPHI

Die Pracht Delphi's muss man gesehen haben, um sie ermessen zu koennen. Natur und alte Ruinen miteinander vermischt, unterstreichen die gegenseitige Schoenheit, die von Bergen, Terassengelaende und Baeumen eingefasst ist. In 700 m Hoehe belegen und 164 km von Athen entfernt, ist Delphi zu allen Jahreszeiten eindrucksvoll. Hier gibt es weder prunkvolle Qualitaeten noch Laerm, was oftmals in Touristen Zentren zu finden ist. Es ist immer noch ein ruhiges Dorf mit einigen sehr guten Hotels und Rest Andenkengeschaeften.

Delphis' Geschichte begann als die ersten misteriosen Daempfe, die aus dem Erdboden unterhalb der Phaedriades Felsen hervorstiegen, einen geweihten Charakter dieser Staette gaben. Eigentlich war dieser Ort Gaea oder Thermis geweiht, der Goettin der Erde. Spaeter ueberbrachten Seefahrer aus Kreta den Kult des Apollo Delphinius. Mit der Zeit nahmen die mysteriossen Prophezeiungen des Orakels grossen Einfluss auf die alte Welt.

Das Heiligtum des Apollo war umgeben von einem Wall und hier drinnen war die Staette mit Monumenten, Statuen und einigen zwanzig Schaetzen Tempelrepliken - welche wertvolle Kriegstrophaen, Archieve und Schaetze beherrbergte, angefuellt. Ebenfalls im Heiligtum befand sich ein kleines Theater, mit Sitzgelegenheit fuer 5,000 Menschen und ein Tempel des Apollo (510 B.C.). In seinem "Adyton", dem "Heiligen der Heiligen", sass Pythia (die Hohepriesterin) auf einem Dreifuss und ueberbrachte im Zustand der Berauschung, von den Daempfen die aus dem Abgrund hervorstroemten, ihre Orakel. Delphi wurde in allen Angelegenheiten aufgesucht; in Sachen Religion, Politik und sogar unabhaengigen Moralfragen.

Delphi war auch Treffpunkt der Amphictyonischen Liga (eine Art Vereinte Nationen Organisation fuer isolierte alte griechische Stadt-Staaten).

Unterhalb der Hauptstrasse und gegenueber dem Heiligtum befinden sich eine Gruppe von Ruinen, Marmaria genannt, oder auch Marmor, welche auch Ueberreste zweier Athener Tempel enthalten; eines Tholos, runder dorischer Tempel. Es gibt auch Spuren eines Gymnasiums, wo die Sportler, welche anden beruehmten Pythianischen Spielen teilnahmen, trainierten.

Delphi wurde gepluendert und seine Schaetze verschwanden, um damit die Staedte der Eindringlinge zu schmuecken, der endgueltige Schlag kam jedoch 385 A.D., als der Kaiser von Byzanz, Theodosius, seine vernichtung orderte.

*Die Ruinen von Tholos.*

*Die Sphinx von Naxian.*

*Das Theater und der Apollo-Tempel.*

# Museum

Das Museum von Delphi entaelt exzellente Stuecke aus der Altertums-und Klassischen Periode. Darunter der Wagenlenker, die Giebel des Apollo Tempels, Schmuckstuecke des Staatschatzes der Sicoinianer, den "Nabel der Welt", die ausgezeichneten Statuen "Kouroi" von Kleovis und Viton, die "Gefluegelte Sphinx" der Naxioten und Schmuckstuecke aus dem Schatz der Athener, u.a. Es sind alles wervolle Funde die den Besucher mit grossen Erstaunen erfuellen und Bewunderung fuer die Kunst und Kultur, welche in Delphi bluehte.

*Die berühmte "Wohltätigkeits-Statue".*

# 4 euboea

Euboea liegt vor der Kueste Boetia's and Attika's, und bildet die natuerliche Fortsetzung des zentralen Griechenlands.

Euboea ist 180 km lang und ihre Breite variiert von 7 bis 50 km. Sie hat eine Gesamtbodenflaeche von (zusammen mit ihren Inseln) 3.908 km² und eine Bevoelkerung von etwa 170.000. Euboea ist groestenteils bergig, aber ihre wenigen kleinen Ebenen sind fruchtbar und die gesamte Insel ist reich and Waldbestand und Olivenhainen.

## CHALKIDA

**Chalkis,** die Inselhauptstadt (88 km von Athen) ist an der Meeresenge von Euripos belegen, bekannt aus alten Zeiten durch ihre besonders starken Gezeiten, welche den Kanal mit einer Geschwindigkeit von 4-16 knoten durchfliessen, und ihre Richtung alle sechs Stunden aendern. Chalkis war ein wichtiger und maechtiger Stadt-Staat alter Zeiten und eine Stadt von strategischer Bedeutung waehrend der Byzantine, der venezianischen und tuerkischen Besatzungen. Heute ist es eine bezaubernde Stadt mit vielen alten und mittelalterlichen Ruinen und Ueberesten.

Jeder Teil Euboeas hat seinen Charm. Hier gibt es Fischerdoerfer mit ausreichenden Uebernachtungsmoeglichkeiten und Fremdenverkehrseinrichtungen noerdlich und suedlich von Chalkis. Unter den beliebtesten Staetten im Sueden sind:

**Eritrea** (23 km von Chalkis). Eine malerische Kleinstadt mit interessanten uralten Ruinen (ein bemerkenswertes uraltes Theater, eine Sammlung von hervorragenden eretrianischen Vasen im Museum, u.a.).

**Amarynthos** (8 km von Eritrea), ist ein faszinierendes Dorf an einer idyllischen Bucht gelegen.

Von **Lepoura** (23 km von Amarynthos) biegt die Strasse nach Norden ab und ended beim sogenannten "Balkon der Aegaeis". **Kymi** nahe der uralten Ruine Kymi (der erste der griechischen Stadt-Staaten, welcher Kolonisten nach Italien schickte, die dort die Stadt Neapel gruendeten).

Von Lepoura aus fuehrt ein anderer Zweig der Strasse nach Sueden, wobei sie durch die schoenen Doerfer **Krieza**, **Styra** (nahe der homerischen Stadt Styra), **Marmari** und andere fuehrt und bei der huebschen Stadt Karystos endet, der suedlichste Hafen Euboea's (128 km von Chalkis). Hier befindet sich u.a. die beruehmte venezianische Burg "Castel Rosso", ausserdem kann man von hier aus die Schoenheit der Ochi Berge erreichen.

Eine andere Strasse fuehrt von Chalkis aus zu dem malerischen Dorf **Steni** (33 km.), Ausgangspunkt fuer eine Klettertour zum Dirfis Berg (durch fantastische Waelder und Schluchten).

Einen herrlichen Ausflug kann man in den Naordwesten von Chalkis machen. Ein faszinierendes Tal ist nahe **Prokopion** belegen (frueher bekannt als Ahmet Aga, 58 km von Chalkis), ein einzigartiges Sommerferienziel.

Oben: Blick auf Eretria von der idyllischen kleinen "Insel der Träume".

Mitte: Karystos. Die Festung.

Unten: Blick auf Chalkis.

**Mantoudi** und **Limni** bieten eine angenehme Kombination von Berglandschaft und Meereskueste.

Durch **Istiaia** (das alte Histiaia) erreicht die Strasse das **Kap Artemission,** Staette der beruehmten Seeschlacht zwischen Griechen und Persern 480 B.C.

Oben: "See" von Euböa.
Mitte: Blick auf den Kurbadeort Edipsos.
Unten: Marmari.

Der bekannte Kurort **Edipsos** (172 km von Chalkis) ist ebenfalls durch Faehrschifflinie mit Arkitsa und Glyfa verbunden. Es zieht im Sommer viele Besucher an. Sie kommen, um hier in den heissen Quellen ihre Gesundheit wieder herzustellen, als auch einen Ferienaufenthalt mit allen modernen Touristeneinrichtungen zu verbringen. Die Reiseroute nord um Chalkis bis nach Edipsos ist eine einzige Perfektion, welche den Besucher durch bewaldete Huegel und eine Landschaft reich variert mit Platanen, Oleander, Maulbeer- und Walnussbaeumen, fuehrt.

**Prokopion,** frueher bekannt als Ahmet Agha ist 58 km von Chalkis entfernt und liegt in einem Tal, dass dem Reisenden seit Lord Byrons Tagen bekannt ist. **Artemission,** auf dem Wege nach Edipsos, ist bekannt durch die beruehmte Seeschlacht zwischen der griechischen und der persischen Flotte 480 B.C. Die Bronzestatue des Zeus im Archeologischen Museum von Athen wurde hier in der Naehe gefunden.

*Blick auf Kymi.*

## SKYROS

**Skyros,** (eine dej noerdlichen Sporaden Inseln), Kimi gegenueber gelegen, ist sehr interessant. Ihre kleine Stadt, Chora genannt, klettert in einem weissen Halbkreis den Berg hinauf und wird von einer alten Akropolis dominiert. Sie war eine der besten Festungen in der Aegaeis. Im Mittelalter wurde sie erst richtig befestigt, und noch heute kann man byzantinische und venezianische Ruinen an dieser Staette betrachten. Skyros ist bekannt fuer ihre Handarbeiten und Volkskunst. Jedes Haus auf Skyros ist ein Miniatur-Museum der Volkskunst

*Rechts: Traditionelle Handarbeit von Skyros.*
*Unten: Stadt Skyros.*

# 5 thessalien - sporaden

Thessalien besitzt die groessten Ebenen des Landes, eine dicht bedaute Gegend eingerahmt durch das Pindus, Orthrys, Pelion, Ossa, Olympos und Agrapha Gebirge. Der Penios Fluss windet sich durch die Ebene, und im Norden faellt er in die Tempi Schlucht ein, eine enge Passage ueber der sich die steilen Abhaenge des Berg Olympos auftuermen, sowie der Ossa Berg.

Archeologische Ausgrabungen haben erschlossen, das Thessalien schon vor 100.000 Jahren bewohnt war. Ueberreste aus spaeteren Perioden, Altes Steinzeitalter und Neues Steinzeitalter, wurden bei Seskio, Dimini, Iolkos und anderwo in der Gegend ausgegraben. Mehr als 100 vorgeschichtliche Siedlungen wurden in Thessalien entdeckt.

Die Einwohner (3000-1100 B.C.) nannten sich Aiolianer, Aimones, Minyes, Boetianer, Achaioiner, Hallenen, Myrmidoner usw. Diese Ebene war in vier Distrikte aufgeteilt: Pelasgiotis, Thessaliotis, Estaiotis und Phthiotis. Es gab ebenfalls Bergdistrikte wie Perraivia, Dolopia und Magnesia.

Waehrend der Klassischen Periode versuchte sich Thessalien von der Verbindung mit den anderen griechischen Staaten unabhaengig zu machen. Es ist bezeichnend, dass waehrend des Peleponnes Krieges die meisten Staedte Thessaliens durch den Verkauf von landwirtschaftlichen Produkten und Pferde, an die Athener und Spartaner reich wurden. 352 besetzte Koenig Philip II. von Mazedonie, Thessalien, und 197 B.C. wurde die Gegend ein Distrikt des roemischen Reiches.

Waehrend der byzantinischen Periode war Thessalien ein separater Distrikt und erlitt viele Ueberfaelle der Barbaren. Nach der Besetzung von Konstantinopel durch Frankreich, wurde die Gegend in Lehnsgueter aufgeteilt, und von Nobelmaennern regiert. 1230 wurde es durch Theodore, Herr vom Epirus, befreit. Im Jahre 1309 wurde es von den Catalaniern besetzt und zerstoert und spaeter von den Albanern. Im 14. Jahrhundert wurde Thessalien eine Provinz der Serben. Anschliessend versuchten die Tuerken diese Provinz zu besetzen, was ihnen 1420 gelang.

Die Befreiung Thessaliens von den Tuerken wurde 1881 effektiv, mit Ausnahme der Provinz Elassona, die 1912 der Provinz Thessalien angeschlossen wurde.

## OLYMPUS GEBIRGE

Dieses mythische Gebirge, Staette der Palaeste von zwoelf Goettern der griechischen Mythologie, liegt im Nordosten Thessaliens. Es formt eine natuerliche Barriere zum suedlichen Griechenland und war schon immer ein Gebirge von groesster strategischer Wichtigkeit.

Olympus hat viele sich aftauermende Gipfel und imposante Schluchten. Seine Abhaenge sind wunderbar geeignet fuer den Wintersport. Von Januar bis Mitte Maerz gibt es gewoehnlich in einer Hoehe von 1500 Metern, Schnee im Ueberfluss. Oftmals, waehrend der gleichen Zeit ist das Skifahren moeglich und angenehm auch in einer Hoehe von 1000 Metern. Die Skilaeufer kommen gewoehnlich vom Westen her, ueber Elassona, dem sogenannten kleinen Olympus, waehrend die Bergsteiger den grossen Olympus vom Osten aus, ueber Litochoro, erklimmen.

## METEORA

**Meteora** ist ein eigenartiges Gebiet angefuellt mit gigantischen Felsen in der Form von Tuermen und Zinnen, deren Hoehen von 100 bis zu 150 Metern reichen. Einst eine bluehende kloesterliche Gemeinde mit 24 Kloestern, hat Meteora heute nu imehr 5 bewirtschaftete Kloester. Sie wurden erstmals im 14. Jahrhundert erbaut, von Moenchen, welche Einsamkeit und geistige Erloesung suchten. Die bemerkenswertesten Eigenarten dieser Kloester sind ihre domartigen Daecher, hoelzernen Gallerien, und deren obere Stockwerke, welche nur

*Meteora
Kloster der Heiligen Dreifaltigke*

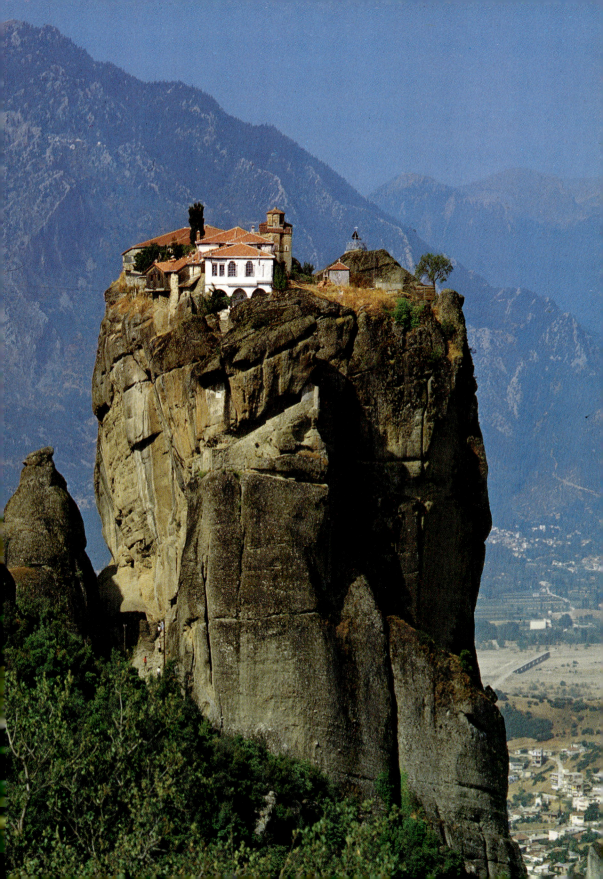

*Das Kloster der Verklärung, das "große Meteoro".*

*Kloster des Hl. Nikolas Anapafsas.*
*In den westlichen Vorbergen der Meteora-Felsen stecht Kastraki.*

ueber Leitern oder Netzaufzuege zu erreichen waren. Heute koennen sie ohne Schwierigkeiten ueber eine Aspahltstrasse oder ueber enge Aufstiege, die in den Felsen eingehauen sind, erreicht werden. Die dem Besucher zugaenglichen Kloester sind das Varlaam, Metamorphosis, Roussanos und Aghios Stephanos Kloster. Es sind gleichzeitig Museen mit byzantinischen Aussteulungsstuecken, darunter hervorragende Ikonen, alte Manuskripte und einmalige Mosaiken und Fresken.

## KALAMBAKA

Sie ist eine faszinierende Kleinstadt erbaut auf der Staette der uralten Stadt Aeginion, etwa 3 km von Meteora entfernt.

## TRIKALA

Die Provinzhauptstadt **Trikala**, welche nach der Provinz benannt ist, steht auf der Staette des uralten Trikki, welche gemeinsam mit der Insel Kos und Epidaurus, dem Asklepius, Gott der Medizin, geweiht war. Sie war ebenfalls bekannt fuer ihre Pferde. Auf der Hoehe des Berggipfels liegt eine byzantinische Festung erbaut auf der Staette der uralten Akropolis.

## LARISSA

Die enorme Region Thessalien hat **Larissa**, ein lebhaftes Handelszentrum, als seine Regionshauptstadt gewaehlt. Progressiv und bluehend, ist Larissa ebenfalls ein geschaeftiger Kontepunkt der Routen, die das gesamte

*Aus dem Leben der Mönche.*

*Mitte: Das Kloster aller Heiligen, Varlaam.*

*Unten: Typische Sicht von Trikala, einer Stadt mit vielen Bäumen und Gärten.*

Zentralgriechenland mit dem Epirus, Makedonien und dem suedlichen Griechenland verbindet. Sie entstand auf der Staette der uralten Stadt und prehistorischen Haupstadt der Pelasgianer. Interessant ist eine Besichtigung der mittelalterlichen Burg und des Museums.

## DAS TEMPI TAL

Das **Tempi Tal** liegt 29 km noerdlich von Larissa, zwischen dem Olympos und dem Ossa Berg (Kissamon). Die nach Thessaloniki fuehrende Autobahn geht durch diesen prachtvollen, engen Pass, am Pinios Fluss entlang. Es ist eine herrliche Reiseroute, durch eine der schoensten Landschaften Griechenlands. Hier gibt es eine Fuelle von Gruen gepunktet mit Efeupflanzen, Rhododendron und Platanenbaeume. Die sprudelnden Quellen in der Gegen waren einst der Goettin Aphrodite geweiht. Im Tal von Tempi gab es einst einen beruehmten Tempel, welcher dem Gott Apollo geweiht war, und aelter als jener in Delphi.

Die mittelalterliche Burg Orias wirft ihre Schatten ueber dieser idyllische Szene, hoch auf dem Gipfel eines felsigen Huegels kauernd.

Die Strasse fuehrt weiter durch das satte, gruene Tal von Platamon, welches den Eingang nach Makkedonien markiert, sowie nach Nordgriechenland.

## AMBELAKIA

Kurz vor der Tempi Maudstation zweigt eine Strasse nach **Ambelakia,** einem huebschen Dorf, wo 1788 die erste internationale Zusammenarbeit zwischen Unternehmer und Arbeitnehmer gegruendet wurde.

*Oben: Ansicht des Temple-Tals.*

*Unten: Der Sitz des venezianischer Händlers und Bankiers G. Schwarz in Ambelakia, ist heute ein Museum.*

## VOLOS— PELION GEBIRGE

Volos ist eine nette Provinzstadt am Kopf des Pagassae Golfes (Pagassitikos). Sie hat zwei Hauptinteressen. Einmal ist sie ein vorwaerts draengendes Industriezentrum und Handelshafen, besonders fuer Obst, und zum anderen ist sie ein beliebtes Ferienziel mit schoenen Straenden und Einrichtungen fuer Unterhaltung und Erholung.

Das Volos Museum zeigt aussergewoehnlich reiche Ausstellungstuecke, einige von ihnen werden als einzigartig betrachtet. Die Grabsteine sind nicht nur von grossem kuestlerischen Wert, sondern diehnen auch als geschichtliche "Zeugen". Es sind rechteckige Marmostuecke, und Giebel wie sie im Altertum ueblich waren. Von diesen, sind etwa zwanzig mit ihren Malereien fast vollstaendig erhalten geblieben.

Die Hauptstrassen von Volos tragen alle Namen aus der stolzen Vergangenheit des Pelion - Jason, Iolkos, Demetrias. Die Wasserfront ist sehr treffend der "Kai der Argonauten" genannt. Hier sind die modernen Hotels und Cafées der Stadt zu finden.

*Oben und Mitte: Ansichten von Volos.*
*Unten: Pilio. Das Dorf Zagora.*

Das **Pelion Gebirge** ist der beruehmte, dicht beforstete Wohnort der griechischen Goetter und Helden des Altertums, und Szenen fuer so manch farbenpaechtiges und dramatisches Abenteuer der griechischen Mythologie. Hier war es, wo Eris bei dem Hochzeitsfest von Peleus den Goldenen Apfel ins Rollen brachte. Von hier zogen die Argonauten mit Jason als Fuehrer aus, auf der Suche nach dem Goldenen Vlies, und hier machten die Titanen den erfolglosen Versuch, den Ossa Berg auf den Pelion zu tuermen.

Die 24 malerischen Doerfer des Pelion's nisten saemtlich an den Gebirgsabhaengen, zwischen Kastanienbaeumen, Olivenhainen, Birnen-, Pfirsich und Aeptelgaerten. Eine gut asphaltierte Strasse fuehrt an der Kueste entlang, wo sie nach geraumer Weile inlands abbiegt und steil aufwaerts klettert. Die besondere Architektur der Pelion-Haeuser ist einmalig: Hohe Gebaeude mit eisernen Tueren und kleinen schmiedeisernen Fenstern zu ebener Erde. Sie kleben am Berghang, dreistoeckig an der Vorderseite und einstoeckig an der Rueckfront, wo es eben mit der Strasse oder dem Weg laeuft.

Von seinem hoechsten Gipfel, dem Pourianos Stavros, sich zu einer Hoehe von 1,651 Meter erhebend, bis hinunter zu seinen Auslaeufern bei Trikeri, ist der Pelion saftig und gruen. Er offeriert berauschende Aussichten auf die Aegaeis, mit Klippen, Straenden und Pinienwaeldern die sich bis an das Meer hinunter ziehen.

Von Volos aus nach Norden oder Osten fahrend, ist der ideale Ausflug die bekanntesten Doerfer, Straende und schoenen Flecken wie **Ano Volos, Portaria, Makrynitsa, Hania, Zagora, Trangarada Milopotamos Srand, Milies, Argalasti, Trikeri, Vyzitsa, Afissos, Kato Nera, Aghios Ioannis, Kissos** und **Chorefto**, zu besuchen.

*Oben: Der Lift zu den Ski-Hängen in der Nähe von Hania.*
*Mitte: Ansicht von Makrinitsa.*
*Unten: Der Strand von Agios Ioannis.*

## NOERDLICHE SPORADEN

Die vier Inseln Skyros (siehe S. 48), Skiathos, Skopelos und Alonissos liegen der Nordost Kueste Euboea's gegenueber. Sie sind bekannt als die noerdlichen Sporaden und alle vier sind von Volos aus mit dem Schiff zu erreichen.

Das taegliche Leben verlaeuft auf diesen Inseln in einem gemuetlichen Takt, dem Besucher einfache, sorgenfreie Ferien anbietend, mit viel Zeit zum Baden, Sonnenbaden, Unterwasserfischen und Tiefseetauchen.

**Skiathos** besitzt ein nur neun Kilometer langes Strassennetz, das die suedliche Kueste mit ihren lieblichen Buchten umarmt. Es verbindet die Stadt mit Koukounaries, dem beruehmten steinigen Pinienhain und Strand.

Rund um Skiathos befinden sich nicht weniger als 9 Inselchen. Zwei davon liegen dem Haupthafen direkt gegenueber. Skiathos ist gruen, friedvoll und idyllisch, mit einem bewaldeten Huegel, der sich auf 438 Meter erhebt.

**Skopelos** gewinnt neuerdings an Beliebtheit bei denjenigen, die ruhige Ferien abseits der Menge verleben wollen. Eigentlich war diese Insel eine kretische Kolonie, und ein Teil verstreuter Ruinen aus pre-historischer Zeit, zeugen davon. Die Bodenflaeche betraegt 96 km2, und der groesste Teil davon ist mit Frucht - und Olivenbaeumen bestanden.

**Alonissos** besitzt eine Bodenflaeche von 62 km2, sie ist oval, mit einer steilen Nordwestkueste und bergigem Inland. Hier gibt es einige fruchtbare Ebenen, jedoch beschaftigen sich die Insulaner meist mit der Fischerei.

*Oben: Ansicht von Skiathos.*

*Mitte: Ansicht von Skopelos.*

*Unten: Ansicht von Alonissos mit in traditionellen Kostümen gekleideten Mädchen.*

*Seite 74-75: Koukounaries auf Skiathos.*

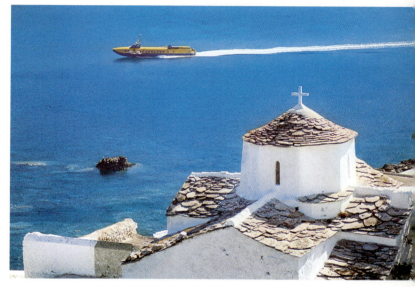

# 6 epirus

Epirus, was auf griechisch Kontinent bedeutet, ist eine eindruckvolle Bergregion, die eine Flaeche von 9,203 km² im nordwestlichen Griechenland bedeckt. Er hat eine Bevoelkerungsanzahl von 350,000 Menschen, und seine Hauptstadt ist Ioannina.

Im Osten von dem maechtigne Pindus Gebirge und einer Reihe von Bergen des Panaetolikon geschuetzt, ist der Epirus eine riesige Gegend mit Orangenhainen, welche den Ambracian Golf umringen. Einige der bekanntesten Staedte sind Ioannina, Arta, Parga, und Igoumenitsa.

Die gut-erhaltenen poligonalen Mauern, das Theater und das Odeon bei Kassopi, Zentra-Epirus, spiegeln die geschichtliche Aera dieser Gegend wieder, als die erste der griechischen Sippen sich hier waehrend des Bronze Alters ansiedelten. Weitere interessante Ruinen sind die bei Nikopolis, nahe Preveza, eine alte Stadt von Octavius erbaut, als er 31 B.C. die Flotte von Anton und Kleopatra bei Akteum, schlug. Noch eindrucksvoller ist das Theater von Dodoni, eines der best erhaltenen Theater Griechenlands.

Das gelassene Leben in den malerischen Stadten und idyllischen Taelern, sowie den feinen Straenden an den Ufern der Ionischen See attrahieren eine immer groesser werdende Nummer von Besuchern, besonders seit Igoumenitsa das Haupteingangstor nach Griechenland geworden ist, fuer motorisierte Besucher ueber Italien.

Von Igoumenitsa klettert klettert eine ausgezeichnete Strasse 101 km nach Ioannina, wo man sich entscheiden muss, ob man nordwaerts und anschliessend oestlich durch die fantasitsche Landschaft des Pindus Gebirges nach Metsovo faehrt. Und dannweiter ueber den Katara Pass nach Meteora, Trikala, Larissa und dann auf die Athen-Tessaloniki Autobahn. Oder die andere Wahl, eine die mehr gewoehnliche Strecke, suedlich durch Arta, Amphilochia, nach Agrinion zur Autofaehre nach Rion auf dem Peleponnes.

Die schnelle und neue Autobahn von Igoumenitsa nach Rion und auf dem Peleponnes ist perfekt. Sie windet sich die Berge hinauf und durch gruene Waelder, worbei an saftigen Weiden die bunt mit Blumen uebersaet sind, und durch Taeler in denen Oleander und Platanen sich neben dem klar fliessenden. Mit schwimmen und Picknicks an den gruenen Uefern, wo die Glocken der Schafe und Ziegen in der Ferne laeuten.

Abgesehen von verschieden alten Staetten in dieser Gegend, ist die Perama Hoehle mit ihrer faszinierenden Unterwelt der Stalagmiten und Stalactiten einen ausgedehnten Basuch wert. Sie liegt etwa 3 km von Ioannina entfarnt.

## IOANNINA

**Ioannina** (oder Yannena) ist 459 km von Athen entfernt (ueber Rion-Antirrion) und einige 100 km von Igoumenitsa, und liegt am Ufer des legendaeren Pamrotis See. Es ist ein wichtiges kulturelles und Handelszentrum.

Ioannina wurde vom Kaiser Justinian im 6. Jahrhundert gegruendet. Es nahm rasch an Groesse zu, und im 13. Jahrhundert war es bereits eine bluehende Handelsstadt. Waehrend der tuerkischen Besatzung diente es als Bollwerk und Sitz fuer Ali Pasha von Tepelini (18. Jahrhundert). Bis heute hat sich Ioannina seinen typisch mittelalterichen Charakter erhalten, mit seinen alten Haeusern und den engen Strassen, welche von Geschaeften eingeramht sind. Es ist notgedrungenerweise eine historische Stadt, die an ihren Traditionen festhaelt, welche der Besucher zusammen mit den modernen Attraktionen geniessen kann. Das sehenswerteste an Ioannina ist der See, der fast die gesamte Stadt umzieht. Sechs byzantinische Kloester sind auf den Inseln im See heimisch, von denen das bemerkenswerteste das 11. Jahrhundert Kloster Aghios Nikolaos Dilios ist. Unter den Fresken sind die bekanntesten, die herausfordernden Darstellungen "Judas Rueckgabe der 30 Silberstuecke" und das "Letzte Gericht".

*Oben: Der See von Ioannina.*
*Unten: Typische Ansicht von Ioannina.*

*Die Perama-Höhle.*

# DODONI

Bevor man Ioannina venaesst sollte man die Staette des alten **Dodoni,** am Fusse des Berges Tomaros, 22 km suedwestlich von Ioannina, besuchen. Ueberreste dieser Gegend sind jene eines alten Orakels, die Akropolis und andere Ruinen. Das Theater stammt aus dem 3. Jahrhundert B.C. und wird im Sommer fuer Auffuehrungen von alten griechischen Dramen waehrend der Dodoni Festspiele, benutzt.

# ARTA—METSOVO—PREVEZA

Arta liegt am Fluss Arachthos und seine Ebene ist fruchtbar und intensive bewirtschafter. Schon im 13. Jahrhundert war es Hauptstadt des Despotates Epirus, einem byzantinischen Fuerstentums. Die Stadt wird von einer mittelalterlichen Festung ueberblickt. Besonders interessant in Arta ist die Bruecke aus dem 18. Jahrhundert, welche den Fluss ueberspannt, und das Kloster aus dem 13. Jahrhundert, Panayia Paragoritissa.

**Metsovo** hat seinen ganz besonderen Charakter. Es ist hoch in den Bergen gelegen, 60 km nordoestlich von Ioannina, an den Haengen des Pindus Gebirges. Es ist eine anheimelnde und aussergewoehnlich malerische Stadt, deren Einwohner noch haeufig ihre farbenpraechtigen Kostueme tragen. Viele der Haeuser sind in sich selbst kleine Museen, die hiesigen Handarbeiten herstellend und ausstellend.

*Das antike Theater von Dodoni.*

*Ansicht von Metsovo mit Mädchen und einem alten Mann in traditionellen Kostümen.*

**Preveza** liegt an den Ufern des Ambracia Golfes und kann ueber die Strasse, welche von Arta kommend rechts abbiegt, erreicht werden. Es ist eine friedliche und huebsche Stadt, umrahmt von Olivenhainen auf der einen Seite, waehrend auf der anderen Seite der engen Wasserstrasse die Insel Lefkas liegt. Das alte **Nikopolis** liegt nahe Preveza. Seine ueberlebenden Ruinen schliessen den Tempel des Poseidon und Ares, die Stadtmauern und zwei Theater, ein.

Ein Bootsausflug auf dem Acheron Fluss, von dem die alten Griechen glaubten, dass er der Eingang zur Hoelle war, ist einmalig und mysterioes.

Eine Art "Grand Canyon" Europas ist die **Vikos Schlucht** (30 km noerdlich von Ioannina) mit seinen 45 idyllischen Doerfern, bekannt als die **Zagorochoria**.

Oben: Der Turm von Preveza.

Unten: Der Fluß Voidomatis in der Nähe der Zagorochoria wird für den saubersten Fluß Europas gehalten.

*Ansicht der malerischen Stadt Parga.*

# IGOUMENITSA— PARGA

Igoumenitsa ist am Kopf einer Bucht, der Insel Korfu (Kerkyra) gegenueber gelegen. Es ist eines der Haupteingangstore nach Griechenland, und dem komfortsuchenden Gast wird durch kleine moderne Hotels Sorge getragen.

Der taegliche Faehrschiff-Service von Italien und viele andere Faehren, verbinden Korfu mit dem Festland, und beleben diesen kleinen attraktiven Hafen.

Der ankommende Verkehr geht gewoehnlich nach Ioannina, diejenigen, welche in nicht allzugrosser Eile sind, machen meist einen kleinen Umwege ueber Filiate (20 km abseits der Autobahn), einschattiges Dorf von wo aus man das malerische Dorf **Plession** erklettern kann.

**Zitsa** bekannt geworden durch Lord Byrons Gedicht "Der Kinder Herold", liegt nur ein paar Kilometer vor Ioannina (Hoehe 680 m.). Hier hat man eine wundervolle Aussicht.

**Parga** ist ein bezauberndes kleines Kuestenstaedtchen, mit zwei ausgezeichneten Straenden hinter einem uralten Olivenhain an den milden Abhaengen des Pezovolos Berges. Es liegt 48 km suedlich von Igoumenitsa und wird am leichtesten mit dem Schiff erreicht.

*Ansicht von Igoumentitsa.*

# 7 die ionischen inseln

Aufgereiht vor den Ufern Westgriechenlands, zeigen die Ionischen Inseln ein gaenzlich verschidenes Gesicht Griechenlands. Gruen und ueppig, waren sie seit Jahrhunderten de Knotenpunkt zwischen dem griechischen Festland und dem westlichen Europa, und als solche war es ihnen moeglich ihre eigenen Kultur, Literatur, Kunst und Musik zu entwickeln. Korfu, Paxi, Lefkas, Kefalonia, Ithaka, Zakynthos und Kythira auch bekannt als die "Eptanissia" in Griechenland, teilen den gleichen historischen Hinhtergrund, und bieten ihren Besuchern ein unwahrscheinliche Abwechslung in Landschaft, Charakter und Traditionen. Geografisch gesehen gehoert Kythira nicht zu den Ionischen Inseln. (sie S. 48 aber es wird, seit dem es mit ihnen zusammen von den Venezianern beherrscht wurde, mit dazu gerechnet).

In alten Zeiten trachteten die maechtigen Stadt-Staaten Sparta, Athen und Korinth nach den Ionischen Inseln. Und trotzdem sie im gemeinsamen Kampf gegen die Roemer halfen, fielen sie letzlich doch unter roemische Oberherrschaft, zusammen mit dem restlichen Griechenland. Anschliessend fielen sie abwechselnd an die Venezianer, bis sie 1797 von den Franzosen uebernommen wurden. Dann folgte eine Periode von ruissischer Besetzung, bis die Franzosen abermals die Herrschaft uebernahmen (1807 - 1814), anschliessend zogen die Briten hier ein. Mit dem Abkommen von London 1863 wurden sie dann Griechenland zugeschlagen.

Die Ionischen Inseln hatten das Glueck, nicht lange unter tuerkischer Herrschaft zu sein, obwohl sie deshalb nicht etwa frei waren, jedoch war es ihnen moeglich bemerkenswerte Erfolge auf dem Gebiet der Literatur, und der Kunst zu vollbringen, besonders in der Malerei. In vielen Kirchen und Museen der Ionischen Inseln zeigen Werke wie sich die griechische Kunst haette entfalten koennen, wenn das Land nicht von den Tuerken besetzt worden waere. Die Ionischen Inseln sind ausserdem Geburtsort fuer viele studierte Persoenlichkeiten, darunter Andreas Kalvos, Hugo Foscolos, Dionysios Solomos, welche die griechische Nationalhymne schrieb, sowie Aristoteles Valaoritis.

## KORFU (KERKYRA)

Korfu ist das Tor nach Griechenland fuer jene die aus Europa anreisen Die Insel wurde schon von Homer in seiner "Odyssee" erwaehnt. Die Bluetzeit der Insel begann 734 B.C. als ihre ersten Kolonisten, die Korinther eintrafen. In den folgenden Jahrhunderten teilte Korfu das gleiche Schicksal wie die restlichen Ionischen Inseln. Waehrend der venezianischen und franzoesischen Besatzung war eine grosse kulturelle Entwicklung zu verzeichnen, wo sich die Insel einer riesigen Bibliothek mit seltenen Manuskripten und Buechern ruehmen konnte, einer Schule der Kuenste, lyrischen Theaters und vielen Lehrinstituten.

Korfu-Stadt hat einen starken venezianischen Charakter und zahllose Denmaeler stammen aus dem 15. bis zum 18. Jahrhundert. Der Regierungspalast mit seinen grazioesen Kolonaden erinnert uns an die englische Anwesenheit auf der Insel, so wie es den riesigen Platz im Zentrum der Stadt einrahmt und die Esplaladen ueberschaut. Der Platz selbst ist mit einer Vielzahl Denkmaeler englischer, venezianischer und griechischer Abstammung angefuellt. Im Westen der Stadt dominieren hohe Haeuser mit Arkaden, aus der franzoesischen Zeit stammend, und rahmen die malerischen Strassen ein. Ebenfalls interessant ist die Kathedrale aus dem 16. Jahrhundert, welche dem St. Spyridon, dem Schutzheiligen Korfus' geweiht ist. Ein Silberschrein, der seine Gebeine enthaelt wird an Festtagen in einer Prozession durch die Strassen getragen.

Ausserhalb der Stadt gibt es eine Reihe interessanter Sehenswuerdigkeiten: Mandouki, Garitza, Mon Repos und Pontikonissiwo nach der Mythologie der Ort, wo der schiffsbruechige Odysseus an Land kam. Der Achilleion Palast ein reich verziertes Gebaeude von der Kaiserin Elisabeth von Oesterreich erbaut, ist heute in ein Kasino ungewandelt. Vlacherna, eine kleine Insel

*Malerische Ansicht von Pontikonissi und der Kirche der Panaghia Vlacherna auf Korfu.*

Korfu vorgelagert, mit seinem byzantinischen Kloster mitten zwischen Zypressenbaeumen. Kanoni mit seiner idyllischen Aussicht ueber die herrliche Bucht.

Bekannt als Schoenwetterspielplatz das ganze Jahr hindurch, hat Korfu viele Attraktionen und Abwechslung zu bieten. Zusaetzlich zu seinen goldenen Straenden und einsame Duenen, ueberhangen von bewaldeten Bergen und der Kueste vorgelagerten Felsen, die wie sich aus dem Meer erhebende Burgen aussehen. Homer war der erste der diesen Charm besang. Besonders da man annimmt, das hier Odysseus an Land gespuelt wurde, und von der Tochter des damals herrschenden Koenigs Alcinous, Nausica, gefunden wurde. Seit der Zeit Odysseus jedoch, hat Korfu eine lange Reihe von Invasionen und Besetzungen erlebt.

*Ein Spaziergang durch die Gassen der alten Stadt ist ein unvergeßliches Erlebnis.*

Die Stadt Korfu.

Griechen, Roemer, Britten, Venezianer Franzosen und sogar Slawen haben zu irgendeiner Zeit einmal auf Korfu geherrscht, sowie sie auch die restlichen Ionischen Inseln einmal kontrollierten. Mehr eine Atmosphaere als ein archeologisches Andenken, war der hauptsaechlichste Reichtum Korfu's den die Venezianer zwischen dem 15. und dem 18. Jahrhundert hinterliessen.

*Oben: Das Fischerdorf Kouloura.*

*Unten: Ansicht von Paliokastritsa, einem der idyllischsten Flecken der Insel.*

# PAXI—ANTIPAXI

Suedlich Korfu's, nahe der Kueste von Epirus, liegen zwei kleine Inseln genannt **Paxi** (19 km2) und **Antipaxi**. Sie haben sich erst kuerzlich zu Touristenorten entwickelt, mit komfortablen Hotels und herrlichen Sandstraenden unterhalb von Olivenhainen. Bedeckt mit dichter subtropischer Vegetation bieten sie ein herrliches Ziel abseits der grossen Massen.

*Paxi: Der Name des Hafen Longos bedeutet Wald wegen seiner für diese Gegend typischen dichten Vegetation.*

# LEFKAS

**Lefkas** liegt sehr nahe dem griechischen Festland, und kann leicht von Preveza aus erreicht werden. Die Erkundung der Insel macht ein ausgezeichnetes Strassennetz moeglich. Es ist eine bergige Insel, mit vielen kleinen fruchtbaren Ebenen und herrlichen Straenden. Lefkas teilt den gleichen geschichtlichen Hintergrund wie die restlichen Ionischen Inseln. Gegenwaertige Ausgrabungen bei **Nydri** brachten viele pre-historische Ueberreste Kultur in pre-historischen Zeiten erfreute. Lefkas ist noch nicht vom Tourismus entdeckt und aus diesem Grunde von vielen bevorzugt, die eine geruhsame Erholung am klarblauen Meer vorziehen. Hier gibt es ausgezeichnete Straende (Aghios Nikitas 27 km von der Stadt, Lygia, Nydri. Ai-Yiannis und Vassiliki).

*Oben: Die Küste des Festlands und die Festung Ajia Mavra sind mit Lefkada durch eine kleine Brücke verbunden.*

*Mitte: Das zauberhafte Porto Katsiki ist einer der schönsten Strände von Chora.*

*Unten: Das tiefgrüne Nidri mit den umliegenden kleinen Inseln.*

*Blick auf den zentralen Platz von Argostoli.*

*Die Drogarati-Höhle.*

# KEFALONIA

**Kefalonia** ist bergig, ausgezackt und mit Pinien bestanden. Es ist die groesste der Ionischen Inseln. Zwischen vielen Attraktionen befinden sich die mykenischen Graeber, alte Mosaike, und mittelalterliche Burgen. Touristen Zentren befinden sich zwischen Pinienhainen und nahe der sandigen Straende, Buchten und Kaps. **Argostoli**, die Hauptstadt liegt auf einer Lagune tief in der Livadi Bucht, welche die Insel in zwei unebene Teile aufteilt. Vollstaendig neu-erbaut nach dem zerstoerenden Erdbeben von 1953, ist die Hauptstadt heute eine moderne Stadt mit guten Hotels und lebhaften Unterhaltungsstaetten entlang der Wasserfront.

**Lixouri** ist die zweitgroesste Stadt der Insel an der gegenueberliegenden Kueste mit ausgezeichneten Bademoeglichkeiten. Sehenswert auf dieser Insel sind: Kastro, das mittelalterliche San Giorgia, welches einmal 15,000 Einwohner innerhalb seiner Mauern beherrbergte, und die Mazarakta Ausgrabungen von 83 mykenischen Graebern.

Kefalonia ist mit Patras durch Faehrschiff-Linie verbunden.

**Ithaca**, der beruehmte Geburtsplatz von Homer's Odyssee, ist bergig und unfruchtbar, deshalb suchen die meisten Bewohner Arbeit als Seeleute, oder emigrieren. Ithaka hat unzaehlige Haefen und Buchten, ideal zum Schwimmen, Tauchen und Fischen. Die Grotte der Nymphen, die Hauptattraktion der Insel, ist die Stelle von der behauptet wird, dass hier Odysseus seine Schaetze versteckte, als er von den Phaeacianern zurueckkehrte. Ithaka ist reich an historischen und archeologischen Funden, die aus der Hoehe der Mykenischen Periode (1500-1100 B.C.) stammen. Eine gute Landstrasse ueberzieht die gesamte Insel, und bietet eine wunderbare Aussicht.

*Ansicht von Fiskardo an der Stelle, wo prähistorische Funde gemacht wurde*

Panoramablick der Halbinsel Assos.

Ithaki: Vathi.

*Der Strand beim Schiffswrack ("Navagio").*

## ZAKYNTHOS

"Waldiges Zakynthos" wie Homer die Insel nannte, ist die Garteninsel welche dem Peleponnes gegenueber liegt. Mehrmals taeglich verkehren Faehrschiffe von Kyllini nach Zakynthos. Diese bezaubernde Insel wurde waehrend des Erdbebens von 1953 fast gaenzlich zerstoert. Die Hauptstadt gleichen Namens wurde original getreu nach Plaenen der alten venezianischen Haeuser, wieder aufgebaut. Abgesehen von seinen Verbindungen und Traditionen mit Poeten, Kuenstlern und Musikern, ist die Insel reich an natuerlichen Attraktionen.

Die Ostkueste in deren Zentrum die Stadt Zakynthos belegen ist, wird von niedrigen Huegeln umgeben. Auf einem von ihnen steht eine venezianische Zitadelle und eine Festung, waehrend auf einem anderen das Plateau mit der Akrotiriliegt, mit seinen Villen, Gaerten, Obstgaerten und Olivenhainen.

Die Sommersaison dauert von May bis Oktober auf Zakynthos und schwimmen, bootfahren und fischen kann man in einem glitzernden tuerkisfarbigem Meer geniessen.

*Oben: Die Stadt Zakinthos.*

*Mitte: Eine Straße in Laganas, im Hintergrund die kleine Insel Agios Sostis.*

*Unten: Die Schildkröte Caretta Caretta und die Höhle von Marathia.*

# 8 makedonien

Diese groesste und noerdlichts der neun griechischen Provinzen wird im Norden von Bulgarien, Jugoslavien und Albanien begrenzt. Sie besitzt grosse, fruchtbare Ebenen, viele grosse Flusse wie den Nestos, den Aliakmon, den Stymon und Axios, ausserdem mehrere Seen. Ist das Klima an der Kueste mittelmermaessig, so ist es weiter im Inland kontinental.

Die archäologischen Ausgrabungen in Olynth, Servía und anderen Orten haben Zeugnisse dafür geliefert, daß Makedonien schon in der Jungsteinzeit besiedelt war. Der Schädel eines Neandertalmenschen, der in Höhle von Petralona auf der Chalkidike entdeckt wurde, belegt jedoch, daß hier schon viel früher Menschen gelebt haben.

Makedonien mit seiner über dreitausendjährigen Geschichte war ein bedeutender Teil des antiken Griechenlands. Das bezeugen Funde aus der mykenischen Epoche (vor 1100 v.Chr.) und der geometrischen Zeit (1000 v.Chr.). Seine Bedeutung geht vor allem aus den Funden des berühmten Königsgrabes Philipps II. hervor, das in Vergina aufgedeckt wurde (siehe Veria - Vergina).

Die Sprache, die Religion, die Sitten und Gebräuche sind seit diesen uralten Zeiten die gleichen wie die des übrigen Griechenlands. Aristoteles, der große Philosoph der Antike, wurde in Makedonien geboren und verbrachte hier sein Leben; natürlich war Griechisch seine Muttersprache. Wie die übrigen Griechen verehrten die Makedonier die zwölf Olympischen Götter mit dem Göttervater Zeus.

Phillip II (357-366 B.C.) begruendete Makedoniens Groesse und es gelang ihm seine Domaene durch die Eroberung Suedgriechenlands weiter auszudehnen. Nach seiner auszudehnen. Nach seiner Ermordung ging der Thron an seinen Sohn. Alexander III, besser bekannt als Alexander der Grosse, ueber, ein militaerisches und politisches Genie, welcher die Grenzen des Koenigsreiches bis weit nach Asien hinein ausdehnte.

Nachdem die Roemer Koenig Perseus bei Pydna (168 B.C.) besiegten und sie die Herren Makedoniens wurden, nahm Makedoniens wurden, nahm Makedoniens Verfall seinen Anfang. Waehrend der Byzantinischen Aera war sie eine der wichtigsten Provinzen im Reich.

Unter der tuerkischen Besetzung im 15. Jahrhundert erhielt sie ihre Bedeutung als eine Gegend fuer landwirtschaftliche und kommerzielle Aktivitaet, zurueck. Zu dieser Zeit versuchten die Makedonier wiederholt ihr Land zu befreien. Ihre Bemuehungen verstaerkten sich inh den Jahren der 1821 Revolution gegen die Tuerken. Die Makedonier waren schon immer gezwungen fuer ihre Rechte zu kaempfen. Diese Provinz wurde erst nach dem ersten Weltrieg mit Griechenland zusammen geschlossen.

## THESSALONIKI

Thessaloniki ist die Hauptstadt Nordgriechenlands und nach Athen die zweite griechische Stadt von Bedeutung. Durch die Etablierung von vielen Fabriken, hat sie ein unwarscheinliches wirtschaftliches und industrielles Wachstum, erlebt.

Mehr noch, es ist ebenfalls ein kulturelles Zentrum geworden. Sie besitzt eine der groessten Universitaeten auf dem Balkan, eine Paedagogische Akademie, ein Eukomenisches Institut, zwei staatliche Musikhochschulen, und viele kulturelle Vereinigungen.

Thessaloniki wurde von Kassander, dem Koenig von Makedonien (315 B.C.) gegruendet, welcher die neue Stadt nach seiner Gattin benannte. Thessaloniki war war die Schwester Alexander's des Grossen. Diese Stadt war die bevorzugte Stadt der makedonischen Koenige, ihre Beliebtheit nahm auch dann nicht ab, als sie 148 B.C. roemische Provinz wurde. Sehr viel spaeter, waehrend der byzantinischen Aera, war sie die zweitwichtigste Stadt im Reich, nach Konstantinopel.

*Die Statue Alexanders des Großes an der Seeseite von Thessaloniki.*

*Der weiße Turm, das Zentrum der mittelalterlichen Festung Thessalonikis.*

Byzantinische Chroniken beschrieben sie als "die beliebste Stadt", denn Thessaloniki war nicht nur kulturelles, sondern auch politisches Zentrum im Byzantinischen Imperium. Sie verblieb auch jahrhundertelaag die uneingenommene Festung, erfolgreich jede Angriffswoge der verschiedenen barbarischen Horden, abwehrend.

Die mittelalterlichen Denkmaeler, welche noch heute in Thessaloniki erhalten sind zeugen von ihrer ehemaligen Pracht und wahrhaftigen Groesse und Bluetzeit.

Nachfolgende sollte man besuchen: Das Archeologische Museum mit seinen zahlreichen interessanten Ausstellungsstuecken der Klassischen und Roemischen Perioden, darunter der "Dervenion Krater". Die Kirche St. Demetrius (der Schutzheilige der Stadt), die fuenfdomige Basilika, erbaut ueber dem Grab des Heiligen im 5. Jahrhundert A.D. Es ist eines der hervorragendensten Denkmaeler der griechisch-orthodoxen Tradition. Neben ihrem architektonischen Wert und dem Reichtum ihrer Horzschnitzereien, sind Mosaiken aus dem 9. Jahrhundert A.D. besonders bemerkenswert. Die Rotunda, ein weiteres bemerkenwertes Denkmal, ist ein kreisfoermiges Gebaeude 306 A.D. erbaut. Unter der Herrschaft von Theodossius dem Grossen wurde sie in eine christliche Kirche umgewandelt. Die Mosaiken welche die Boegen schmuecken und der imposante Dom stammen aus einer spaeteren Zeit.

Weitere interessante Kirchen sind die "Archeiropoietos" (nicht die Handarbeit) eines der besten Beispiele fuer den Stil der alten griechischen christlichen Basilika (5. Jahrhundert), die Kirche der

*Oben: Die Arche des Galerius.*

*Unten: Byzantinisches Mosaik in der Kirche des Hl. Demetrius.*

Das Eptapyrgio.

Panaghia Chalkeon (die Heilige Jungrau der Kupferschmiede (11. Jahrhunder), die Kirche Aghia Sophia, eine fruehe, gewoelbte Basilika (6. Jahrhundert) mit ausgezeichneten Mosaiken; die Kirche der zwoelf Apostel (13. Jahrhundert) mit spezieller ornamentaler Ziegelarbeit; das Kloster Vlatadon mit der kleinenKirche in Kreuform (14. Jahrhundert). Hier gibt es ebenfalls mittelalterliche Stadtmauern und den Triumphbogen des Kaisers Galerius auf der Via Egnatia, erbaut 303 A.D. Der venezianische Weisse Turm, Thessalonikis' prominentestes Merkmal, erbaut im 15. Jahrhundert.

Thessaloniki besitzt auch eine Reihe paradiesischer Fleckchen auf dem Lande wo man sich erholen und unterhalten kann: Aghia Triada, 25 km ausserhalb der Stadt in einem waldigen Kuestengebiet; Nea Mechaniona, ein lieblicher Ferienort der herrliche Straende und viel frischen Fisch anbietet. Panorama, Asvestohori und Hortiati sind Ausflugsziele in den Bergen.

*Oben: Einer der Eingänge zur Internationalen Messe von Thessaloniki, die zum Wohlstand der Stadt beiträgt.*

*Unten: Teil eines Mosaiks mit der Darstellung eines Streitwagens mit Pferden (Archäologisches Museum Thessaloniki).*

# KATERÍNI · DION

Kateríni, die Hauptstadt des Präfekturbezirks Pieria, liegt in der Ebene zwischen dem Piéria-Gebirge und dem sagenumwobenen Olymp. Es ist eine verhältnismäßig neue Stadt und ist 50 km von Thessaloníki und 6 km vom Meer entfernt. In ihrer Nähe erstrecken sich die schönen Sandstrände von Methóni, Makrygialós, Olympiakí Aktí, Pláka Litóchorou und besonders der bei Platamóna.

Die berühmte archäologische Stätte **Díon** ist 20 km von Kateríni entfernt. Durch die Ausgrabungen sind hier bedeutende Funde zutage gekommen, Heiligtümer, Gräber, Theater, eine Basilika u.a.m., die aus dem Zeitraum von der frühen Eisenzeit (1100 v.Chr.) bis zur byzantinischen Epoche stammen. Dion, das von dem imposanten Gipfel des Olymp überragt wird, war eine heilige Stätte Makedoniens und ist mit Delphi und Olympia vergleichbar.

Südlich von Kateríni liegt das malerische Dorf **Litóchoro**, von dem man ausgeht, um den Gipfel des Olymp, des höchsten Berges von Griechenland, zu besteigen.

*Oben: Blüten und Blätter des Akanthus, ein Mosaik aus Dion.*

*Mitte: Strand von Platamona, im Hintergrund seine Burg.*

*Unten: Der Strand von Katerini.*

# VERIA - VERGINA

**Veria**, eine der aeltesten der makedonischen Staedte kann sich vieler byzantinischer Kirchen ruehmen. Jedoch von groesserem Interesse ist das Grab des makedonischen Koenigs Phillip II, der Palast und andere archeologische Funde, die kuerzlich an der Stelle des alten **Vergina** (11 km suedoestlich von Veria) entdeckt wurden, das bedeutendste Ereignis der letzten Jahre.

**Naoussa** ist eine malerische Stadt 94 km von Thessaloniki entfernt. Sie ist bekannt fuer die herrlichen gewebten Textilien, die ihre Fabriken herstellen, und ihren exellenten Wein. Jaehrlich werden hier Karneval Festlichkeiten abgehalten, mit dem "Bula" Tanz, ein interessantes lokales Volksereignis. Hier gibt es liebliche Ferienorte fuer beide Sommer und Winter. Die Wintersport-Enthusiasten treffen sich im Vermion Gebirge. Das Dorf **Seli** (18 km von Naoussa entfernt, in einer Hoehe von 1,420 m belegen) ist das Ski-Zentrum im Vermion Gebirge, mit Ski-Einrichtungen aller Art guten Hotels.

Ein Knotenpunkt zwischen Makedonien, Epirus, Thessalien und Zentral Makedonien ist **Kozani**, eine historische Stadt, heute ein Handels - und Industriezentrum. Ihre Bibliothek besitzt tausende von seltenen und konstbaren Manuskripten und anderen geschriebenen Dokumenten. Es ist die zweitbedeutendste Bibliothek Griecenlands, gleich nach der Athener National Bibliothek.

**Siatista** (25 km westlich von Kozani) ist eine malerische, mittelalterliche Stadt mit grossen traditionellen Gebaeuden ("archontika") und einigen interessanten byzantinischen Kirchen.

*Oben: Der zentrale Platz von Naoussa.*

*Mitte: Mädchen aus Veria in traditionellen Kostümen.*

*Unten: Das goldene Grabmal mit den wunderbaren Reliefs und den sechzehnzackigen Stern, dem Symbol der makedonischen Herrscher. Darinnnen befinden sich die Gebeine des Königs Philipp II. Ein Fund der Ausgrabungen von Vergina (Museum Thessaloniki).*

## EDESSA—PELLA

**Edessa** ist die Hauptstadt des distriktes Pella und liegt in den Auslaeufern des Vermion Gebirges. Es ist bekannt fuer seine herrlichen Wasserfaelle, und liegt in Kaskaden von gruenen Gaerten eingebettet.

Eine Legende berichtet, das die erste Hauptstadt der alten makedonischen Koenige in dem Distrikt Edessa lag und Aiges hiess. Dann im 5. Jahrhundert verlegte Koenig Archelaos seine Hauptstadt nach Pella, deren Ruinen etwa 10 ausserhalb der malerischen Stadt Yannitsa entdeckt worden sind.

Im archeolosgischen Gebiet von Pella, wo in den vergangenen Jahren regelmaessige Ausgrabungen gemacht wurden, sind ein paar besonders interessante Gebaeude bezeichnend: darunter jenes, welches die herrliche Mosaik der "Loewenjagd" enthaelt. Diese und ein weiteres, ein "Reh" darstellend sind bemerkenswert fuer ihre Vielfalt an Einzelheiten

Oben: Die Wasseriälle von Edessa.

Unten: Das Mosaik der Löwenjagd (antikes Pella).

## PRESPA SEEN (Grosser und Kleiner)

Zwei Seen, der **Megali** (Grosse) und der **Mikri** (Kleine) **Prespa** nahe der Stadt Florina gelegen formen die Grenze zwischen Griechenland, Jugoslawien und Albanien. Seine Landschaft ist einfach herrlich. Auf seiner Insel Aghios Achilleios befindet sich eine sehr alte byzantinische Kirche. Nahebei wurden Ueberreste einer alten makedonischen Siedlung entdeckt.

## KASTORIA

**Kastoria** ist die bekannte Pelzindustrie. Einmal in seiner Vergangeheit war es ein beruehmtes Zentrum der Byzantine, und besizt heute eine Reihe schoener Kirchen aus dem 11. bis 18. Jahrhundert. Die interessantesten sind die Kirche der Panaghia Koumbelidiki, Aghioi Anargyroi und Taxiarchai (alle aus dem 11. Jahrhundert stammend). Auch Kastoria hat wunderschoene Herrenhaeuser ("archontika"). Die Stadt entstand an dem charmanten See Orestias (oder See von Kastoria).

# FLORINA

**Florina** ist ein charmantes Handelszentrum, 161 km westlich von Thessaloniki entfernt geglegen, und nur etwa 18 km von Grenzposten Nike an der jugoslawischen Grenze.

Nur 22 km von Florina entfernt liegt das Gebirgsdorf **Pissoderi,** Ausgangspunkt fuer Skifahrer und Bergsteiger.

*Blick auf den Prespa-See.*

*Die idyllische Stadt und der Kastoria-See.*

## SERRES

**Serres** ist eine der groessten makedonischen Staedte, und Handelszentrum fuer Tabak, Baumwolle, Getreide und sie beherrbergt viele Denkmaeler seiner langen Geschichte. Das interessanteste sind die byzantinischen Mauern seiner Akropolis, die byzantinische Kirche von St. Nikolas, und die alte Kathedrale - Aghioi Theodoroi. Von hier aus kann man einen Ausflug zu den beruehmten Loewen von Amphipolis machen; nach Kerdylia und seiner lieblichen Kueste, und letztlich nach Nigrita, mit seinen beruehmten Mineralquellen.

## DRAMA—PHILLIPPI

**Drama** ist die Hauptstadt der Provinz gleichen Namens. Da es hier Wasser im Ueberfluss gibt ist es eine sehr gruene Gegend. Die Stadt dehnt sich in einer fruchtbaren Ebene aus, welches das Zentrum fuer den Tabakanbau ist.

**Phillippi** liegt nur 25 km von Drama entfernt. Eine wichtige alte Stadt, erbaut von Phillip II, Koenig von Makedonien, im Jahre 358 B.C. Einige der alten Ueberreste sind: das alte Theater, die Agora, die Akropolis, ein Heiligtum aegyptischer Goetter, u.a.

42 B.C. fand hier die beruehmte Schlacht zwischen den Streitkraeften Brutus und Cassius auf der einen Seite, und denen des Oktavius, spaeter Kaiser Augustus, auf der aneren Seite, statt.

Im Sommer werden hier alte griechische Dramen im Theater aufgefuehrt.

Oben: Ansicht von Serres.
Mitte: Zentraler Platz in Drama.
Unten: Überreste des archäologischen Gebietes von Philippi.

## KAVALA

**Kavala** ist eine wohlhabende Stadt mit grossen Hafen und modernen Gebaeuden. Ihre Sehenswuerdigkeiten sind: das Haus des Mohammed Ali, Gruender des Aegyptischen Dynastie; das beruehmte Imaret, die Schlossmauern, die Kirche der Heiligen Jungfrau und die Kirche St. Syllas. Hier gibt es auch ein Museum wo bedeutende archeologische Funde des oestlichen Makedonien und Thrakis, ausgestellt sind. Kavala besitzt herrliche Straende bie Nea Heraclitsa, Nea Peramos, Periyali, Aspri Ammos und Keramoti.

*Ansicht von Kavalla und seinem Hafen.*

*Das antike Theater von Thassos.*

## THASSOS

Wenn man die Faehre von Keramoti nimmt, kann man zu der gruenen Insel Thassos, einem wahrhaften Paradies, uebersetzen. Es ist die noerdlichste Insel in der Aegaeis, und ein ausgezeichnetes Touristenzentrum. Die Wirstchaft der Insel stuetzt sich auf den Holzexport, sowie den Export von Blei, Eisen und Antimon. Die kuerzlich entdeckten Oelvorkommen im nahen Prinos geben Moeglichkeiten fuer bedeutsame Ausnutzung.

Fast ganz Thassos ist ein riesiges Museum mit eine reichen Sammlung an Reliquien aus der Bluetezeit der klassischen Periode stammend. Die archeologischen Ausgrabungen sind: die alte Agora, ein Theater, alte Siedlungen, der Handelschafen, die Stadmaeuern die Akropolis, das Pan Heiligtum und viele andere Ueberreste. Die grosse Anzahl Denkmaeler zeugen von der grossen Bluete des alten Thassos, welches es zum Streitapfel zwischen den Stadt-Staaten Athen und Sparta, machte. Unter den grossen Maennern Thassos befanden sich der Maler Polygnotos und der Dichter Androsthenis, welcher Alexander dem Grossen auf seinen Feldzuegen folgte.

Die interessantesten Ueberreste alter Zeiten sind das Theater (eigentlich im 4. Jahrhundert erbaut), die Akropolis, die Agora, das Poseidon und Dionysios Heiligtum, sowie andere. Im Museum koennen besonders schoene Stuecke der Archaiischen Kunst bewundert werden. Die Hauptstadt der Insel (**Limin** oder **Thassos**), die Kuesten - und Inlanddoerfer sind ruhig und malerisch.

*Blick auf die inselhauptstadt Thassos und ihren Hafen.*

# CHALKIDIKI

Suedoestlich von Thessaloniki liegt die Chalkidiki Halbinsel. In den letzten Jahren ist dieses Gebiet zum Mekka fuer die Touristen geworden, mit seinen endlosen stillen Sandstraenden, Pinienbaeumen und huebschen Weilern. Der interessanteste Teil Chalkidikis ist das oestliche Vorgebirge, der Athos Berg, auch Aghio Oros genannt.

Die Halbinsel Chalkidiki mit ihren drei Zweigen: Kassandra, Sithonia und Berg Athos (Aghion Oros) ist eine der malerischsten Gebiete Griechenlands. Hier verbinden sich die Charakteristischen Merkmale von Berg und Inselwelt und offerieren ausserdem das einmalige Erlebnis der monastischen Region von Berg Athos.

*Oben: Gravur von Chalkidiki.*

*Mitte: Der Turm des Hl. Pavlos in Nea Fokaia.*

*Unten: Auf der Südseite des Kanals von Kassandra erstreckt sich Nea Potidaia.*

Abgesehen von Berg Athos, kann der Besucher folgendes einfach nicht uebersehen: die Hauptstadt **Polyghiros**, mit ihrer Kirche St. Nicholas; bei **Arwai** die Uberreste einer alten Akropolis; bei Ierissos den byzantinischen Turm; bei **Kallithea** den Tempel von Ammon Zeus; bei **Nea Olynthos** den byzantinischen Turm; nahe **Petralona** die beruehmte Hoehle bekannt als "Kokkines Petres" (Rote Steine) mit sehr interessanten Fossilen und versteinerten Tiergebeinen, sowie Neanderthal - oder Pre-Neanderthal Menschen; bei Kassandra den kleinen Kanal.

*Die Höhle von Petralona.*

*Südöstlich von Nea Marmara auf der Halbinsel Sithonia das Touristenzentrum Porto Karras.*

Der Strand des kosmopolitischen Marmaras auf der Halb-insel Sithonia, und unten die malerischen Strände von Sarti auf der östlichen Seite der Halbinsel.

Der Heilige Berg, wie er sich von Vourvourou auf Sithonia zeigt.

Die Statue des Aristoteles in Stagira.

*Strand von Ierissos (dem antiken Akanthos).        Nea Roda: Am Eingang zum Heiligen Berg.*
*anoupolis ist rings um den byzantinischen Turm Prosphori gebaut. Von dort aus fahren täglich regelmäßig Boote zum Heiligen Berg.*

# Aghion Oros
## (Athos Bergstaat)

Seine Kloester trotz allen erlittenen Ungluecken zu den verschiedenen Zeiten seiner 1000 jaehrigen Geschichte, enthalten noch heute eine ungeneure Sammlung von Manuskripten, so das man sie als ein wertvolles Gewirr byzantinischer Museen bezeichnen kann. Einige von ihnen sind auch heute noch bewohnt.

Berg Athos ist auch ein vorzuegliches Beispiel fuer die Entwicklung byzantinischer Architektur und Malerei. Architektonisch gehoeren seine Kirchen in die gleiche Kategorie, in welche auch diejenigen von Meteora und vom Peleponnes eingereiht sind. Die zahlreichen Wandgemaelde und die Ikonen der Kirchen von Berg Athos sind von ausserordentlicher Bedeutung fuer ein Studium byzantinischer Malerei.

Berg Athos ist eine eigenartige autonome monastische Republik mit ausgenommen maennlicher Bevoelkerung. Der Zugang und Aufenthalt ist fuer Frauen strikt verboten.

Das Kloster Esfigmenou a

Wanderung zum Heiligen Berg. Die idiorythmische Mönchsgesellschaft des Athos ist einzigartig auf der Welt. Auf den 385 Quadratkilometern, die Athos umfaßt, gibt es 200 Klöster, viele Einsiedeleien, Zellen, Kaliven und Klosterhütten. Die Hauptstadt dieses Staates ist Karies.

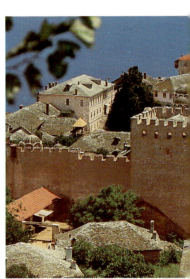

Das Kloster des Hl. Pantele

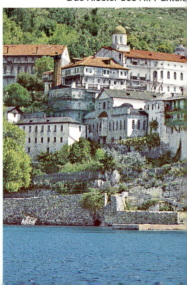

...dlichen Küste des Hl. Berges.
Kloster Megistis Lavras.

Das Kloster Dionisiou an der Südwestküste.

...dem Heiligen Berg wurde im 12. Jhr. gegründer.

# 9 thraki

Thraki ist eine bergige Gegend, und wurde erstmals von den Pelasgianern bewohnt, eine Rasse eng verbunden mit den anderen griechischen Sippen. Thrakianer gruendeten Eleusis in Attika, und die mythischen Komponisten Orpheus und Mousaios waren von Thraki. In alten Zeiten dehnte sich Thraki vom Olympus Gebirge in Sueden bis zur Donau im Norden aus, und zu seinen beruehmten Staedten gehoerte Adbera, der Geburtsort Demokritos.

Thrakis spielte eine bedeutende Rolle in der Geschichte Rolle in der Geschichte waehrend der Roemischen und Byzantinischen Periode.

Zu Beginn dieses Jahrhunderts war ein grosser Teil Thraki's an Bulgarien abgetreten an Bulgarien abgetreten worden, waehrend die Tuerken nach dem ersten Weltkrieg einen weiteren Teil fuer sich beanspruchten (Lausanner Abkommen von 1923), waehrend Xanthi, Komotini und die Evros Regionen Griechenland ueberlassen wurden, wobei der Evros Fluss die Grenze im Osten bildete.

Thrakis lebt hauptsaechlich von der Landwirtschaft, und hat eine Einwohnerzahl von 350.000, griechischer und muslimischer Abstammung. Es ist der noerdlichste Teil des griechischen Staates.

## XANTHI

**Xanthi** liegt am Fusse des Rodopi Gebirges. Seine alten traditionellen Haeuser sind wohlerhalten, sowie seine Burg auf dem Gipfel des Huegels, welcher die Stadt gegen die Nordwinde schuetzt. Es ist die Hauptstadt der Fraefektur Rhodope und ein bedeutendes Zentrum fuer den Tabakhandel. 25 km entfernt befinden sich die Ruinen von **Abdera,** dem Geburtsort von Demokritos (dem Vater der Atomtheorie) und Protagoras (dem Sophisten), sowie Nikaenetos dem Peten, Anaxarchos dem Filosophen und Hecateos dem Historiker, u.a.

## KOMOTINI

Die Stadt **Komotini** liegt 57 km von Xanthi entfernt. Fast in der Mitte einer fruchtbaren Gegend, liegt sie nahe an der beruehmten Via Egnatia der alten Zeiten, am Fusse des Rhodopi Gebirges. Sehenswert sind unter anderem: das Museum, (Archologisches-, Voelkerkunde - und das Byzantinische Museum fuer Kirchengeschichte). Komotini ist ein lebhaftes Handelszentrum, und **Porto Lago** (34 km suedwestlich) ist ihr Umschlagshafen.

Porto Lago liegt auf einem engen Landstreifen zwischen dem Golf von Vistoni und der Vistoni Lagune. Diese Gegend ist bekannt fuer ihren Fisch, Aal und seine Wasser-Voegel.

*Fischerboote in Alexandroupoli.*

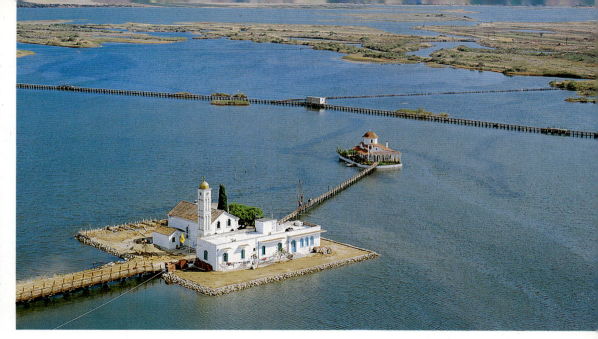

Links: Blick auf Xanthi, einem bedeutenden Zentrum der Tabakproduktion.

Gassen in Komotini.

## ALEXANDROUPOLIS

**Alexandroupolis** ist eine der neueren Staedte Griechenlands und der oestlichste Hafen im Norden. Der Besucher erfreut sich hier moderner Einrichtungen, wie komfortabler Hotels, Campingplaetze, guteRestaurants und Sandstraende. Alexandroupolis ist die Hauptstadt der Praefektur Evros, und die letzte bedeutende Stadt vor der Grenze zur Tuerkei. Die Gegend ist reich Wildvoegeln und ganz besonders an Wasservoegeln, sowie Zugvoegeln. Die Jagdsaison zieht immer wieder viele Jaeger an.

*Didimoticho, nordöstlich von Alexandroupoli.*

# 10 die nordoestlichen aegaeishen inseln

Die nordoestlichen Aegaeischen Inseln kann man zu rechnen: die Samothraki, die Limnos, die Lesvos, die Chios, die Samos und die Ikaria.

## SAMOTHRAKI

Mit einem kleinen Boot oder Faehrschiff kommt man leicht nach Samothraki, der Insel mit einer ungestuemen Landschaft und stuermischen Geschichte. Archeologische Ausgrabungen haben wichtige Funde hervor gebracht, der bedeutendste darunter, der "Sieg von Samothraki", ein Denkmal das heute im Pariser Louvre ausgestellt ist.

Das Heiligtum der Kabieren.

Wasserfall am Fluß Fonias auf Samothraki.

# LIMNOS

**Limnos.** Verwaltungsmaessig gehoert Limnos zum Bezirk Lesvos. Es hat eine Bodenflaeche von 477 km3 und liegt im suedthrakischen Meer, zwischen Chalkidiki und der tuerkischen Kueste. Es hat ein angenehm trockenes Klima, viel Gruen und herrliche Sandstraende. Die groesste Stadt ist **Myrina**, oder **Castro**. Eine andere interessante Stadt ist **Mudros** mit einem grossen Hafen und bedeutender kommerzieller Taetigkeit. Vier prehistorische Siedlungen wurden hier entdecktan der Staette des alten **Droscopos**, an der Ostkueste. Bemerkenswert sind auch die Ueberreste der zwei beruehmten alten Staedte **Hephaestia** und **Kabeirion**.

*Strand von Myrina.*

*Myrina von der Burg aus.*

*Die Statue der Nike von Samothraki. Das Original befindet sich im Louvre-Museum.*

# LESVOS

**Lesvos,** auch Mytilini genannt, ist die drittgroesste Insel nach Kreta und Euboea. Die Insel ist bedeckt mit Olivenhainen, Gaerten, und Pinienwaeldern. In alten Zeiten erfreute sich Lesvos des goldenen Zeitalters von kultureller Groesse. Viele ihrer Soehne und Toechter waren gleichwertige Rivalen der grossen Literaten anderer griechischer Staedte. Selbst eine Zusammenfassung ihrer Werke wuerde zuviel Platz und Zeit in Anspruch nehmen. Deshalb wollen wir hier nur Alcaios, Arion, Terpandros, Errina und den bekannten Sappho nennen.

Ein Ausflug entlang der lieblichen Kueste und den malerischen Weihern ist fantastisch. Unter den Kuestenorten, wo man Kuehle und Ruhe waehrend der heissen Sommermonate finden kann, sind zu nennen: **Vigia, Makris Yalos, Tsamakia** mit ihren riesigen Pinienwaeldern. Die heissen Mineralquellen von Lesvos sind beruehmt. Sie vereinen die Heilkraft des Wassers mit einer unvergleichlichen natuerlichen Umgebung. **Methimna, Plomari** und **Ayiassos** sind die huebschesten Ortschaften auf Lesvos.

Die Hauptstadt der Insel ist **Mytilini,** ist ein lebhafter Ort mit guten Zukunftsaussichten, sowie einer grossen literarischen Tradition. Ausserdem werden regelmaessig Vorfuehrungen abgehalten von den oertlichen Tanzgruppen. Ein wohlgefuelltes archeologisches Museum beherbergt Funde von den vielen Ausgrabungen auf der Insel, und die oertliche Bildergalerie enthaelt einige Werke des beruehmten Volkskuenstlers Theophilos.

*Oben: Ein versteinerter Baum.*

*Unten: Strand von Eressos.*

*Der Hafen und die Burg von Mithimna (oder Molyvos).*

*Ansicht von Mytilini (Hauptstadt von Lesvos).*

*Pythagoreio mit seinen archäologischen und geschichtlichen Sehenswürdigkeiten.*

*Vathi, die Inselhauptstadt von Samos.*

# SAMOS

**Samos**, Geburtsinsel des grossen Philosophen und Mathematiker Pytagoras, ist ein Ort wo der alte Intellekt und die Kultur hell erstrahlte. Die Insel befand sich auf der Hoehe seiner Groesse unter ihrem Herrscher Polykrates.

Die groesste Stadt der Insel ist **Samos**, ehemals **Vathy**. Es besitzt eine interessantes archeologisches Museum mit Funden von den Ausgrabungen des Heraion (Tempel der Goettin Hera) und der alten Stadt Samos. Die Staedte **Pythagorion** und **Carlovassi** (zweitgroesste Stadt von Bedeutung) sind einen Besuch wert. Die Insel hat viele interessante Doerfer in den Bergen und an der Kueste. Einmalig ist das Paleontologische Museum des Ortes **Mytilini**.

Ausblick vom Dreifaltigkeits-Hügel in Karlovasi.

Häuser in einer Bucht von Kokari.

*Eine Straße in Pyrghi.*

# CHIOS

**Chios.** Die Geschicthe Chios geht bis zur Zeit der Sagen zurueck. Ihre ersten Bewohner waren die Pelasgianer, dann die Kretenser und vielleicht lebten die Carianer und Lelegen hier ebenfalls. Waehrend der geschichtlichen Zeit, kamen die Ionier von der Klein-Asien Kueste und verwandelten Chios bald darauf in ein bluehendes kommerzielles-, kuenstlerisches und literarisches Zentrum, bis es von den Persern 498 B.C. erobert wurde. Es erhielt seine Unabhaengigkeit nach der Seeschlacht von Mykale zurueck.

Sehenswert sind folgende Plaetze: in der Stadt Chios - die alten Stadtmauern, das alte Theater, die Burg, das Archeologische Museum, das Arghention Volkskunst Museum, die Bildergalerie. Ausserhalb der Stadt: das beruehmte Kloster **Nea Moni** (mit der achteckigen byzantinsichen Kirche aus dem 11. Jahrhundert, ausgestattet mit herrlichen Mosaiken); die malerische kleine Stadt **Pyrghi;** viele faszinierende kleine Staedtchen und Doerfer (**Vrondados, Kardamyla, Volissos, Karyes,** die Gegend der mastic-produzierenden Doerfer, **Kalamoti, Mesta** u.a.).

Nahe Chios liegen die kleinen interessanten Inseln **Oinousse** und **Psara.** Psara spielte eine heldenhafte Rolle waehrend der Griechischen Revolution von 1821.

# IKARIA

**Ikaria** wurde spasshaft aucn "Radium Insel" genannt, auf Grund ihrer Radium Heilquellen. Die groesste Stadt ist Aghios Kirykos. Nicht weit entfernt ist der Kurort **Therma**, mit modernen Anlagen und Hotels mit allem Komfort.

*Ansicht von Ikaria.*

# 11 *dodekanes*

Diese Gruppe wurde Dodekanes (zwoelf Inseln) genannt, da die groessten Inseln zwoelf an der Zahl sind: Patmos, Kalymnos, Leros, Kos, Nysiros, Astypalea, Tilos, Symi, Chalki, Karpathos, Kassos, Rhodes und Kastellorizo.

## RHODOS

**Rhodos** mit ihrem konstanten Sonnenschein, ihrem Altertum und ihrer unvergleichlichen Landschaft, macht sie zu einer der bekanntesten Turisteninsel in der Welt.

Man koennte Rhodos "das groesste Bildhauer Studio" nennen, denn neben der gigantischen Statue des Kolossos (eines der sieben Weltwunder) gibt es mehr als 3,000 Denkmaeler auf dieser Insel.

In der klassischen Periode war Rhodos eine maechtige und reiche Insel, die ihren Einfluss ueberall gaetend machte. Ihre zweite grosse Zeit brach an, unter der Besatzung der Ritter des Ordens von Jerusalem (1309-1522). Im Jahre 1522

*Der Hafen Mandraki. Zufahrt und Festung von St. Nikolas.*

wurde Rhodos von den Tuerken erobert, ihnen folgten die Italiener 1912. 1947 wurde Rhodos und die anderen Inseln mit Griechenland vereint.

Die Hauptstadt Rhodos hat ein Viertel mit alten Haeusern, engen Strassen und kleinen Geschaeften unter mittelalterlichen Stadmauern. Daneben findet man das moderne Viertel mit sueprmodernen Gebaeuden, Hotels, Geschaeften und anderen Einrichtungen. Was der Besucher unbedingt sehen solite: das Archeologische Museum, welches eine einmalige Sammlung von Rhodos Kunst ausstellt; den Palast des Grossen Meisters; die Waelle der Burg; die Strasse der Ritter; und auf der alten Akropolis, die Ruinen des Tempels das Theater, das Gymnasium, das Stadium und andere Gebaeude.

Weitere Sehenswuerdigkeiten auf Rhodos sind: der Rhodini Park, Kallithea, das Tal der Schmetterlinge, die sieben Quellen, Philerimos, Kamiros und das unvergleichliche Lindos.

**Rhodini Park** (3 km suedlich von der Hauptstadt) ist ein angenehmer Ort mit Brunnen, Seen, Blumen und Baeumen.

**Kallithea** (11 km suedoestlich von Rhodos) ist ein bekannter Kurort und lieblicher Kuesten-Ferienort.

Das **Tal der Schmetterlinge** (Valley of Petaloudes) liegt 26 km von der Hauptstadt entfernt, nahe des Dorfes **Kalamiona**, hier kann man zwischen Juni und August erleben, wie sich tausende vonSchmetterlinge in riesigen Wolken von Bueschen und Baeumen aufwaerts erheben.

**Sieben Quellen** ist eine schoener Ferienort mit einem See, kleinen Wasserfaellen und vielen Platanen.

Oben: Seezufahrt.

Mitte: Zwischenstop zu einem Drink auf dem Ippokratous-Platz.

Unten: Einkaufsbummel auf der Straße mit schattenspendenden Platanen.

Teilweise Wiedererrichtung des Pythian-Apollo Tempels auf dem Smith-Hügel.

Teil der neuen und der alten Stadt von Rhodos.

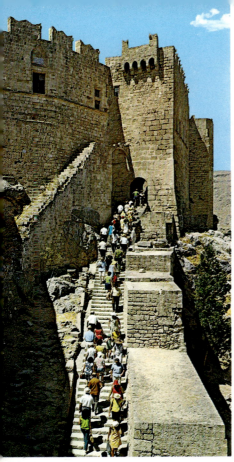

*Auf die Spitze der Akropolis von Lindos.*

Der Berg **Philerimos** (15 km suedwestlich von Rhodos) ist ein recht interessanter Ort mit einem byzantinischen Kloster und den Ueberresten eines Athena Tempels, sowie Ruinen der alten Stadt **Ialissos.**

Auf den Abhaengen eines Huegels, einige 36 km suedwestlich von Rhodos befindet sich die Stadt **Kamiros**, ebenfalls das "Pompeji von Rhodos" genannt. Hier kann man die Ueberreste der drittaeltesten Stadt der Insel besichtigen.

**Lindos** (56 km von Rhodos entfernt) ist nicht nur eine malerische Ortschaft mit lieblichen Straenden unter den Ueberresten der eindrucksvollen alten Akropolis, sondern auch eine Festung, welche von den Rittern und Tuerken erbaut wurde.

*St. Paul, der zweite Hafen von Lindos. Hier landeten angeblich die Apostel, um den Bewohnern von Lindos das Christentum zu überbringen.*

Das bekannte Urlaubszentrum von Ixia, nur vier Kilometer von der Stadt Rhodos entfernt.

Faliraki an der nordöstlichen Küste der Insel.

## NISYROS

Nisyros liegt in der Mitte des Dodekanese Gruppe. Der Legende nach entstand die Insel, als Poseidon ein Stueck Felsen von der Insel Kos abbrach und es dem Riesen Polybotes entgegen schleuderte. Die Carianer waren die ersten Bewohner dieser Insel. Sie war wanrend der klassischen Periode unabhaengig. Und sie verblieb auch unabhaengig waehrend des Byzantinischen Reiches, bis es 1457 von den Tuerken verstoert wurde. Danach verblieb die Insel fuer eine lange Zeit unbewohnt. Nisyros ist dicht bewaldet, und es gibt hier viele interessante Orte zu besuchen. Da gibt es erst einmal den Vulkan, die Ritterburg, ein byzantinisches Schloss und das Stavros Kloster. Die Insel besitzt viele herrliche Straende.

## TILOS

**Tilos**, war erstmals von den Pelasgianern bewohnt, und die ersten Dorier kamen ungefaehr 1100 B.C. auf die Insel. Die Tyrannen von Syracus, Gelon und Ieron stammten von dieser Insel. Die Hauptstadt **Megalo Chorio** genannt wird von einer mittelalterlichen Burg ueberragt.

## CHALKI

Chalki, ist eine Insel von ungewöhnlicher Schönheit und liegt in der Nähe der südlichen Küsten von Rodos.

## SYMI

Diese Insel liegt nordwestlich von Rhodos. Ihre Hauptstadt **Symi** ist radfoermig unterhalb einer eindrucksvollen mittelalterlichen Burg angelegt, an der Staette der alten Akropolis.

*Oben: Nisiros, die Burg des Mandraki und die Panaghia Spiliani.*

*Mitte: Der Hafen von Chalki.*

*Unten: Fischer auf Simi.*

# KOS

Die Insel ist als der Geburtsort von Hippokrates bekannt, der Vater der Medizin. Wie auch Rhodos, hat sie ein superbes Klima und herrliche Landschaft. Das Altertum hat auch hier Spuren seiner bluehenden Vergangenheit hinterlassen. Bemerkenswerte Ueberreste aus der Klassischen und den nachfolgenden Perioden liegen ueberall auf der Insel Kos verstreut. Die Denkmaeler und Orte, die man unbedingt sehen sollte: die Burg ueber dem Hafen; das roemische Odeon; die Platane unter welcher Hippokratos seine Schueler unterrichtete (so berichtet es jedenfalls die Lengende); und eine kleine Stadt (etwa 4 km entfernt), das beruehmte Asklepieion von Kos, das Heiligtum des Gottes der Medizin. Kos war ebenfalls bekannt als Geburtsort von Apelles, einem beruehmten Maler des 4. Jahrhunderts B.C Medizinische Quellen und moderne Badeanlagen befinden sich suedlich von der Stadt Kos, an den Abhaengen der Berge.

*Die Burg der Ritter in der Hauptstadt von Kos.*

*Der Hafen von Kos und die kountouriotische Küste.*

*Asklepeion: Der Apollo-Tempel auf der zweiten Ebene.*

*Die Statue des Hippokrates*

*Die Ruinen der Ag. Stefanos und in der Mitte der Bucht die kleine Insel Kastri.*

*Der Strand von Kardamaina.*

## KALYMNOS

**Kalymnos** ist eine der malerischen Inseln der Dodekanese. Sie ist huegelig, aber nicht sehr fruchtbar. Die Hauptbeschaeftigung ihrer Bewohner ist das Schwammtauchen. Man betrachtet sie als besten Taucher der Welt. Bevor ihre Boote in jedem Fruehling von der Hauptstadt **Pothia** oder **Kalymnos** aus Segel setzen fuer die Fahrt zur Kueste Nordafrikas, werden Festlichkeiten mit interesanten Volksbelustigungen abgehalten.

Reliquien aus prehistorischen Zeiten wurden in einer Hoehle auf dem Huegel **Aghia Varvara** entdeckt. Auf der Insel befinden sich auch Ueberreste aus der Mykenischen Periode. Und bei **Telendos**, einer kleinen Insel in Naehe von Kalymnos gibt es Ueberreste einer versunkenen alten Stadt.

## LEROS

**Leros**, welche zwischen Patmos und Kalymnos liegt, ist die alte Insel der Artemis. Sie ist eine angenehme Insel, angefuellt mit historischen Staetten, und idealen Ortschaften, um seine Ferien zu verbringen. Ueber der herkoemmlichen Siedlung von Agia Marina, der Insel Hauptstadt, erhebt sich die Burg der Panaghia, welche sich noch immer in gutem Zustand befindet. Innerhalb der Burg befindet sich die Kirche der Junfrau, mit vielen interessanten Fundsachen. eine Frueh-christliche Kirche kann man bei **Alinda** besichtigen, und das Hafenstaedtchen **Lakki** hat eine byzantinische Kirche von St. John. Bei **Paleokastro**, auf dem Wege nach Xirokambos, kann man die erste alte Burg der Insel besichtigen.

*Oben und Mitte: Ansicht von Kalimnos.*

*Unten: Ansicht von Leros.*

## PATMOS

Patmos ist eine felsige unfruchtbare Insel. Sie muss praktisch unbekannt gewesen sein in alten Zeiten, denn ganz selten wurde sie von den alten Schriftstellern erwaehnt. Die Roemer benutzten diese Insel als Exil fuer unerwuenschte Personen. St. John verbrachte einige Zeit im Exil hier, und waehrend seines Aufenthaltes schrieb er in einer Hoehle das "Buch der Offenbarng". Das Kloster von St. John ist wirklich ein interessantes Museum fuer Kunst der Byzantine und christliches Brauchtum. Viele der hier befindlichen Manuskripte sind bekannt in der ganzen Welt.

*Das Kloster. Burg von Patmos.*

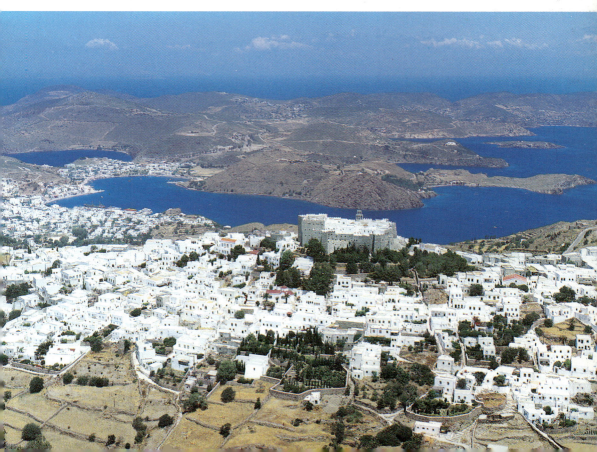

# KARPATHOS

Diese Insel liegt zwischen Rhodos und Kassos. Mit ihrem kuehlen Klima, ihrer traumhaften Kueste und starken traditionellen Verknuepfung, fasziniert Karpathos die Besucher, welche jeden Sommer ihre Ufer ueberfluten. Von besonderem Charm ist das oertliche Schwammtaucher Festival im spaeten Fruehling. Die Besucher der Insel werden von den Einheimischen gebeten, mit ihnen zusammen an langen Tischen ihre Mahlzeit einzunehmen; spaeter folgen dann Tanzvergnuegen und Volksmusik. Die Haeuser hier sind nach der alten, einmaligen Karpathos Tradition gebaut. Auf dieser Insel werden alte Gebraeuche und Traditionen glaeubig erhalten. Selbst die Trachten der Insel werden von den Einheimischen fast taeglich getragen.

Karpathos ist die Insel, welche in alten Zeiten als Tetrapolis bekannt war. Ihre ersten Bewohner waren die Pelasgianer, gefolgt von den Doriern. Ihre spaetere Geschichte ist aehnlich der, der anderen Dodekanes Inseln. Im dem Dorf **Olympos** oder **Elympos** nimmt das Leben seinen ueblichen Lauf. Die Bewohner tragen ihre traditionellen Trachten und ihre Haeuser sind hunerte von Jahren alt. Saemtliche religioesen Festlichkeiten werden mit dem Pomp der Byzantine begangen, und viele der alten Gebraeuche leben weiter.

*Oben: Traditionelle Kostüme von Karpathos.*

*Unten: Das Dorf Olympos.*

# KASSOS

Diese winzige Insel stoesst fast an Karpathos an. Sie ist 17 km lang und 4 km weit. Ein Gebirge zieht sich ueber die gesamte Insel, und ihre Suedkueste ist fast unzugaenglich. An der Nordkueste liegen rund um die Insel-Hauptstadt **Ophrys** eine Anzahl von kleinen Doerfern traubenartig verstreut. Kasos kann mit Schiffen von Rhodos aus erreicht werden, oder mit dem Faehrschiff, das saemtliche Inseln verbindet.

**Kasos** hat ein gesundes Klima. Folgende Doerfer befinden sich auf der Insel: **Ayia Marina, Arvanitochori, Poli, Panayia, Emborio.** Es gibt eine Anzahl Hoehlen auf der Insel, die interessantesten sind: tou Koraka, tis Fokokamaras, tis Plakarous, tou Moursela. Ausserdem sollte man das Kloster St. Mamas, die Ellinokamara und die alten Mauern bei Poli besichtigen.

*Kasos*

## ASTYPALAEA

Diese Dodekanes Insel liegt den Kykladen am naechsten. Sie hat schoene ruhige Straende und viele interessante lokale Brauchtuemer. Jedes Jahr am 15. August, dem Tag der Himmelfahrt unserer Frau, werden Freiluft-Festivals hier abgehalten. Jedem der Besucher dieser Feierlichkeiten wird kostenlos eine Mahlzeit serviert. Herrliche Straende findet man bei: Aghios Konstantinos, Pera Aeyalo, Steno, Zannaki und Livadi.

## CASTELLORIZO

**Castellorizo** war in alten Zeiten als Megisti bekannt. Ihre ersten Bewohner waren die Achaier. Als die Tuerken die Insel besetzten gab es hier 14,000 Einwohner, heute sind es nur noch 300. Es ist diejenige griechische Insel die der Tuerkei am naechsten liegt. Ihre Sehenswuerdigkeiten sind: das Schulgebaeude, welches der Athener Akademie aehnlich sieht; die Kathedrale mit ihren monolitischen Saeulen; sowie die Blaue Hoehle.

*Astypalea.*

# 12 kykladen

*Die Kykladen formen eine Traube von Inseln in der suedlichen Aegaeis. Diese sind: Mykonos, Delos, Tinos, Syros, Andros, Naxos, Ios, Paros, Thera oder Santorini, Kea, Yaros, Kythnos, Siphnos, Milos, Kimolos, Folegandros, Sikinos, Serifos, Amorgos, Anaphi und viele andere, bedeutend kleinere Inseln.*

*Zusaetzlich sind viele Inselchen lang und breit in der Aegaeis versteut. Alle sind mit einer malerischen Landscaft versehen, mit sauberen Straende, und Meeren, mit kleinen Staedten und Dorfer viele von ihnen sind architektonisch interessant, mit historischen Ueberresten aus allen Perioden (pre-historisch, klassisch, hellenistisch un roemisch, byzantinisch, fraenkish, tuerkisch und modern). Die Inseln der Aegaeis pieten dem Reisenden eine reich Auswahl an Unterhaltung, vom tuerbulenten und kosmopolitischen Zentrum bis zur idyllischen Atmoshphaere, die man noch immer in den abseits gelegenen Doerfern antrifft.*

**Delos.** Nicht weit entfernt von Mykonos liegt Delos. Die Insel des Lichtes. Der Felsen, welcher einst das prachtvollste Zentrum, der Religion, der Kunst und des Handels des alten Hellenismus war, mythischer Geburtsort des Gottes Apollo und der Goettin Artemis. Heute ist Delos eine riesige Ansammlung von Ruinen. Unter ihnen sind die interessantesten: die Agora, die Schatzkammern der verschiedenen Staedte, die Stoa des Antigonos, das Theater, die Loewenterrasse, das Heiligtum der Stiere, das Heiligtum des Apollo, das Heiligtum der Stiere, das Heiligtum des Apollo, das Haus des Dekans und viele Haeuser mit herrlichen Mosaikboeden, welche Delphine, Waldgoetter, und Dionysios mit dem Thyrsosstab in einer Hand, in der anderen eine Zimbel, neben einen Panther einherschreitend.

**Mykonos** ist eine der typischsten Kykladen Inseln, mit seinen weiss gekalkten Haeusern, hunderten von Kirchen, Windmuehlen, und treppen-artigen Strassen. Seit dem zweiten Weltkrieg, wurde Mykonos zu einem Turistenzentrum von internationalem Ruf. Auslaender finden die Insel faszinierend, mit viel Abwechslung, beide zur Tageszeit wie am Abend.

*Oben: Viele der Häuser, die in der neueren Zeit im traditionellen Stil erbau wurden, sind das Werk qualifizierte Architekten und Ingenieure vor Mykonos*

*Unten rechts: "Venedig", das Künstlervierten von Mykonos*

*Unten links: Die Löwenterasse in de zerstörten antiken Stadt Delos*

**Andros,** einstmals auch Hydroussa genannt, ist die noerdlichste der Kykladen Inseln. Hier gibt es Mineral Quellen. Die Hauptstadt der wird auch Andros genannt, ist jedoch auch als **Kato Kastro** oder **Chora** bekannt. Hier findet man viele attraktive Haeuser. Das kleine Museum der Stadt enthaelt viele Inschriften aus **Palaiopolis,** erbaut auf der Staette des alten Andros. Die beliebtesten Sommerorte sind: **Apikia** (oder **Sariza**), **Batsi,** und **Corthion.**

**Tinos.** In der Naehe von Mykonos liegt eine andere huebsche Kykladen Insel, mit den typischen Gebaeuden der beliebten Architektur, Taubenschlaege welche wirklich Kunstwerke sind. Ihre Hauptattraktion ist jedoch die weisse Marmorkirche Unsere Dame der Verkuendung, das Lourdes von Griechenland. Nahe der Kirche befindet sich eine Bildergalerie, welche Werke von Tinos Kuenstlern ausstellt und das Archeologische Museum, mit Funden aus dem alten Tempel der Amphitriti und des Poseidon, sowie Zugallsentdeckungen von der gesamten Insel.

Die Taube ist das Friedenssymbol und die kykladischen Taubenschläge zeigen unnachahmliche volkstümliche Architektur.

Andros: Die Stadt

Andros: Batsi

Die Kirche der Panagia Evangelistria (Maria Verkündung) auf Tinos.

**Syros** ist die erfolgreichste der Insel in der Aegaeis, sowie wirtschaftlich auch kulturell. Ihre Hauptstadt ist **Hermoupolis**, gleichzeitig auch Hauptstadt der Kykladen insgesamt, und hat sich bis heute den Ruf als Seefahrts - und Industrie Zentrum bewahrt. Ihre neo-klassischen Gebaeude, solche wie die Bibliothek, das Rathaus, das alte Apollo Theater und andere sind in ihrer architektonischen Gestaltung eindrucksvoll. Auf Syros gibt es faszinierende Kuesten - wie auch Bergdoerfer.

Syros: Blick auf Hermoupolis und seinen Hafen.

**Naxos** ist die groesste, fruchtbarste Insel der Kykladen. Hier gibt es Weingaerten, Olivenhaine und Gaerten, sowie sehr viel Gemuese. Ausserdem findet man hier Schmirgelstein - und Marmorbrueche. Naxos Stadt ist klein, eine malerische Stadt mit mittelalterlichem Charakter. Nicht weit von der Stadt entfernt befinden sich die Ruinen einer mykenischen Siedlung und die eindrucksvollen Tore eines Apollo Tempel, welcher im 6. Jahrhundert B.C. erbaut wurde. Im Museum von Naxos befinden sich eine reichhaltige Sammlung von Funden aus den Kykladen und Mykene Zeiten, sowie einige Statuen aus der Klassischen Zeit. Die Doerfer dieser Insel sind ruhige und schoene Ferienorte.

Apollon-Bucht im Hintergrund. Die Statuen des Apollon und des Melanes sind einzigartige Monumente für die Geschichte antiket griechischer Skulpturen.

Unten: Portara und die Fundamente des Tempels, der nie fertiggestellt worden ist.

**PAROS** ist eine der groesseren der Kykladen Inseln. Man glaubt, dass die alten Kretenser die ersten Bewohner waren. In alten Zeiten war Paros fuer ihren Marmor beruehmt. Diesen, sowie den Marmor des Penteli Berges benutzten die Bildhauer der alten Zeiten zur Schaffung ihrer Meisterwerke, welche heute in den Museen aller Welt ausgestellt sind. Paros hatte reiche intelektuelle und kuenstlerische Brauchtuemer, denn hier wurden Skopas und Agorakritus geboren. Beide waren Bildhauer; Nikanor und Arkesilaos, beide Maler; sowie der gefeierte satirische Poet Archilochos. Heute ist Paros fuer ihr wunderbare Kirche der Panaghia "Ekatontapyliani" (Heilige Jungfrau der hundert Tore), oder "Katapoliani" bekannt. Der Hauptort der Insel ist **Paroikia.** Suedlich davon befindet sich die interessante, alte "Grotte der Nymphen" und etwas weiter davon entfernt, die Ruinen des Askleipion Tempels.

Oben: Katapoliani.
Unten links: Kolibithres von Naoussa.
Unten rechts: Höhle von Antiparos.

Parikia.

**THERA,** oder **Santorini** hat die Aufmerksamkeit der Welt auf sich gezogen in den letzten Jahren, durch seine ausserordentlichen Entdeckungen der archeologischen Ausgrabungen. Am Suedende der Insel, bei **Akrotiri** wurde eine ganze prehistorische Stadt Minoas ausgegraben. Komplett mit Strassen, Plaetzen und zweistoeckigen Haeusern. Die Ausgrabungen begannen im Jahre 1967 und werden noch immer fortgesetzt. Die Archeologen haben Funde entdeckt, welche von einer grossartigen Kultur zeugen, die jedoch durch einen Vulkanausbruch zerstoert wurde. Was besonders hervor sticht von diesen wunderbaren Endeckungen, sind die einmaligen Fresken. Sie stellen Fruehling, Antilopen, Affen, Damen, Fischer und vieles andere dar. Alles wurde muehsam entfernt und ins National Archeologische Museum von Athen ueberfuehrt. Ausser diesen Ruinen kann man auch noch **Phira** besuchen, einen huebschen Ort Thera's. Hier kann man die weiss gekalkten Haeuser besichtigen und hat eine herrliche Panorama Sicht von den Terrassen. **Klein Kameni,** die winzige Insel inder Bucht von Thera, aufgetaucht 1573 A.D., hat einen noch immer schwelenden Vulkan in seinem Zentrum.

**Anafi** ist die letzte der suedwestlichen Kykladen. Hier gibt es nur 400 Einwhner, aber fast ebenso viele Kirchen. Ausserdem besitzt Anafi noch eine Burg, und ein Kloster, erbaut auf der Staette des Apollo Tempels.

Mauer des Fischerhauses (Nationales Archäologisches Museum).

Oia.

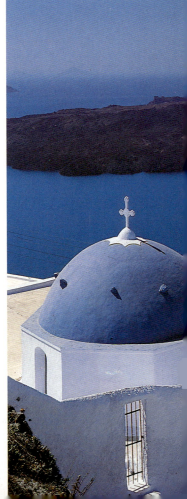

Kamari   Fira

**Amorgos,** suedoestlich von Naxos gelegen, einst eine der huebschesten Inseln in der Aegaeis. Sie hat eine Bevoelkerung von 2,000 und ist bekannt fuer ihre kykladische Architektur. Hie gibt es viel zu sehen: eine venezianische Burg, und das beruehmte Kloster der Darstellung der Jungfrau, oder Chozoviotissa, welches aus der Byzantine stammt. Es beherrbergt eine wundertvolle Ikone. Angelegt wird in **Kapola,** und die Insel Hauptstadt liegt auf einem Huegel, welche man ueber einen Pfad erreicht. Die Ueberreste vom alten Minoa koennen Nahe von Kapola besichtigt werden. **Aigiali,** der zweite Hafen der Insel besitzt eine Akropolis welche den alten Hafen beschuetzte, und die Ueberreste des Tempels der Athena, welcher wie eine Kirche erbaut ist.

Es gibt eine Anzahl kleiner Inseln zwischen Naxos, Ios und Amorgos. **Donousa** hat vier Siedlungen, und bedeutende Ueberreste aus der geometrischen Zeitsind hier gefunden worden. Die **Koufonisia** (bestehend aus Pano Koufonisi und Kato Koufonisi) beherrbergen alte und byzantinische Ueberreste, waehrend **Herakleia** recht bekannt war in den alten Zeiten. Ausserdem gibt es hier eine Hoehle mit eindrucksvollen Stalactiten, auch ist Herakleia eine der groesseren dieser Inseln. **Schoinousa** hat 200 Einwohner und einige alte Ruinen herzuzeigen. **Karos,** ist bis auf Schafe und ihre Schafhirten, unbewohnt.

*Oben: Amorgos. Das eindrucksvolle Chosoviotissa Kloster, das auf einem Felsen liegt.*
**Unten: Koufonissia.**

Ebenfalls in den westlichen Kykladen befinden sich die Insel **Kea, Kythnos, Serifnos** und **Sifnos.** Sifnos ist bekannt feur seine blendend weissen Haeuser und Strassen, sowie fuer den hohen Grad der oertlichen Toepferei die sich zu richtiger Kunst entwickelt hat. Bei Apollonia, Vathy, Exambela, Katavatis und Chrysopigi koennen byzantinische Kirche und Kloester, alte Mauern und mittelalterliche Ruinen besichtigt werden.

Oben links: Kea.

Oben rechts: Ansicht der Burg mit Mädchen in traditionellen Kostümen.

Mitte: Kythnos. Das Loutra.

Unten: Ansicht von Serifos.

*Ios*

*Milos*

**IOS** ist eine kleine Insel, die zwischen Paros und Santorini (Thera) liegt. Hier gibt es einige kleine Hotels, Privatzimmer inden Haeusern und Tavernen, die sich auf "kakavia" spezialisieren. Das ist eine Art griechischer Bouillabaisse. Ios hat viele wunderbare Straende und bietet einen ruhigen und interessanten Aufenthalt an. Hier gibt es auch Ueberreste aus alten Zeiten und etwa 400 kleine Kapellen. Im Dorf **Plakoto** befindet sich ein Grab von dem die Bewohner behaupten, es waere das Grab von dem die Bewohner behaupten, es waere das Grab Homers.

**Milos** ist die Insel der Aphrodite und der einzigartigen Katakomben. Zusammen mit Kimolos, Antimilos und Folegandros, formt Milos die Westflanke der Kykladen. Hier ist der Ort, wo im letzten Jahrhundert die Statue der Aphrodite entdeckt wurde. Sie wurde in den Louvre von Paris ueberfuehrt, wo sie heute zu besichtigen ist. Nahe des Dorfes **Klima** befinden sich die bedeutensden christlichen Katakomben der Welt, nach denen in Rom. Sie wurden im 1. Jahrhundert A.D. erbaut, und sind 200 Meter lang. Ihre layrinthartigen Gallerien enthalten 294 Graeber in Waeden und Boeden, saemtliche mit Symbolen und Fresken geschmueckt.

*Die Aphrodite von Milos.*

Milos.

# 13 kreta

Kreta, die groesste der griechischen Inseln, geben einen voellig anderen Eindruck des Lebens - bezaubernde Freundlichkeit, Schoenheit, Fruchtbarkeit und der angesammelten Verstoerungen der modernen Zeit. Eine Insel mit riesiger Weite und Bevoelkerung (500,000 Bewohner), bietet sie fast unbegrenzte Moeglichkeiten fuer die Ferien. Ein Teil dieser Moeglichkeiten sind ja bekannt, weniger bekannt ist, das sich Kreta zu einer ausgezeichnet geplanten Ferieninsel antwickelt. Hier gibt es herrvorragende Unterkunftsmoeglichkeiten in Erster-Klasse Hotels, Feriendoerfer und von Gaerten eingerahmten Strand-bungalows. Alle so geschaffen, das sie in den malerischen Rahmen hineinpassen. Weiche Sandstraende und ein Meer, so zart und lebhaft blau-gruen, wie es nur im Mittelmeer vorgefunden werden kann. Eine besondere Freude fuer sorgenfreie Erholung in der Sonne. Trotz all dem Fortschritt den Kreta in den letzten Jahren gemacht hat, verbleibt es doch eine schroffe und unverbene Insel.

Die Kretenser leben noch immer ein einfaches Leben in den wilden Bergregionen, oder in den Ebenen, wo Wein - und riesige Obstgaerten (Orangen, und Zitrusfrucht) sich sich bis an die Doerfer und Ortschaften heran siehen.

Eine der Nordkueste folgende Strasse von Ost nach Westen, mit gut erhaltenen Nebenstrassen fuehren zu Staedten und Orten von historischem Interese, und zu den vielen Sehenswuerdigkeiten. Ueberreste aus allen Zeitaltern Kreta's findet man ueberall verstreut. Sie stammen von der Frueh-Kretenser und Minoischen Kultur bis zu den vor kurzer Zeit zerstoerten Gebaeude waehrend des Kampfes von Kreta im Mai 1941.

Man kommt nach Kreta entweder per Flugzeug oder Schiff von Piraeus aus. Die vorzuegliche Minoische Kultur, zerstoert etwa 1400 B.C., wurde auf Kreta entwickelt. Die vielen Ruinen dieser Kultur, weiche auf dieser Insel zu Hauser war, haben weltweites Interesse erregt. Im Vergleich mit dieser alten Kultur, und der Hoehe welche sie erreichte, kann man sagen, dass die Spaet-Klassische und Roemische Periode einen Verfall Kreta's darstellten.

824 A.D. wurde die Insel von den Arabern erobert, welche sie in ein sarazenisches Piratennest verwandelte. Von hier aus begingen sie ihre Ueberfaelle auf die Gegenden im Mittelmeer.

Sie wurden von dem byzantinischen General Nikephoros Phokas (welcher spaeter Kaiser des byzantinischen Reiches wurde) vertieben. Ungefaehr 250 Jahre spaeter kamen die Venezianer nach Kreta. Unter ihrer Herrschaft erlebte die Insel eine wirtschaftliche und intellektuelle Entwicklung. Diese Periode kamm zum Stillstand mit der Eroberung der Tuerken im Jahre 1699. Waehrend der gesamten Zeit der tuerkischen Joch's, kaempften die Kretenser fortwaehrend fuer ihre Freiheit, welche sie endlich 1912 erlangten. Denn erst in diessem Jahre wurde Kreta ein Teil Griechenlands.

Eine bergige, ausgedehnte Insel, ungefaehr 55 km in der Breite und sich von Ost nach West ueber 264 km esteckend, ist Kreta sehr verschieden im Charakter vom restlichen Griechenland. Eine Kette von hohen Gebirgen (Dikti 2,142 m; Idi 2.456 m und die Weissen Berge oder Lefka Ori 2,454 m)

*Die Schlangengöttin Knossos (1600 v.Chr.).*

teilen sie in vier bestimmte Regionen. Die abwechslungsreiche Szenerie dieser Regionen vereinen sich zu der eindrucksvollen Landschaft Kreta's. Die hohen Gebirge mit den matuerlichen Abteilungen formen die vier Provinzen der Insel: Chania, Rethymnon, Heraklion und Lassithi.

## HERAKLION

**Heraklion**, das mittelalterliche Candia, ist Kreta's Haupthafen fuer die Ankuft des Besucher per Flugzeug oder Schiff. Diese bluehende Stadt ist ohne Zweifel von grosser Bedeutung, denn in ihrer Umgebung wurden die ausgezeichneten Funde und Kunstschaetze der Kretenser Kultur gefunden.

Heraklion selbst war einst ein venezianischer Hafen, der fuehrend im Mittelmeer war. Ueberreste einer Stadmauer aus dem 16. Jahrhundert, welche sie erbauten, ist noch immer gut erhalten. Andere interessante Sehenswuerdigkeiten sind: der Morosini Brunnen, die St. Mark's Kirche, die venezianische Burg, die Loggia, die St. Mina Kirche und der Bazaar.

*Oben: Die kleine Festung (Kulé), die den venezianischen Hafen schützt.*

*Der Morosini-Brunnen im Zentrum der Stadt.*

Das Archeologische Museum enthaelt die reichste Sammlung von Gegenstaenden aller Perioden der Minoischen Kultur. Seine zwanzig Saele sind gefuellt mit Meisterstuecken aus Knossos, Phaestos, Malia, Aghia Triada, und aderen archeologischen Staetten Kreta's.

## KNOSSOS ARCHEOLOGISCHE STAETTE

Kreta's groesste Attraktion ist ohne Zweifel **Knossos,** nur 5 km ausserhalb Heraklion gelegen. Die interessantesten Ruinen sind der wieder aufgebaute Palast und seine Nebengebaeude, wie die Propylaea, die lange Passage, die Lagerhaeuser, Veranden und Innenhoefe. Der Palast von Minos enthaelt den prachtvollen, von Saeulen gerahmten Treppenaufgang, die Zimmerfluchten, und den Thronsaal des aeltesten grossen Koenigsreiches Europa's.

Der zierliche, hochlehnige Thron, aus Stein gemeisselt, steht noch immer, wo er einst gestanden hat, flankiert von den Fresken der Greifenvoegel. Den Besucher von heute beeindruckt eigentlich etwas ganz anderes in Knossos, naemlich die sanitaeren Anlagen des Palastes.

Oben: Die Frauen in Blau, ein Fresko aus Knossos.

Mitte: Der Thron-Raum.

Unter: Die südlichen Propyläen. Die bedeutendste Epoche in der Geschichte Kretas war die minoische Zeit. Der wunderbare Palast von Knossos ist das schönste Exemplar von Architektur aus jener Zeit.

Das Labyrinth der Raeume war um einen zentralen Innenhof herum gruppiert. Sie waren mit Fresken in starken Farben dekoriert und die Fussboeden waren gekachelt. Saemtlich Raeume waren mit Ventillation, Licht und Abfluessen ausgestattet. Unterhalb der Palastmauern befanden sie die Siedlungen der Leute. Diese waren aus Stein, Ziegel oder Holz erbaut, hatten verputzte Waende und die Fussboeden bestanden aus Kopfsteinen. Viele von ihnen waren zweistoeckig, und hatten sechs oder acht Raeume.

Die Fresken im Palast stellten entweder Menschen in den Ferien dar, in den Reihen des Stadiums sitzend, die Frauen tuschelnd und lachend. Ein Stierkampf, ein weiterer Fresko im Palast, stellt einen jungen Knaben dar, welcher den heranstuermenden Bullen bei den Hoernern packt. Er macht einen Sprung ueber den Ruecken des Tieres und wird von den Armen einer Maid bei den Landing aufgefangen. Die minoischen Damen schienen eine Vorliebe fuer grosse, breitkrempige Huete zu haben, die mit Schleifen verziert waren. Sie kleideten sich in Kleidern mit tiefen Ausschnitten, hatten Wespentaillen und wippende Roecke. Ihre Busen waren entweder nackt oder nur leicht verschleiert. Dieses entlockte einem Franzosen, als er diese Dankmaeler zum ersten Male sah: "Das sind ja Pariserinnen"!

Knossos ist riesig und verwirrend. Das traditionelle Labyrinth ist eine irrgarten-aehlich Anlage. Das Wort wird von "Labrys", dem lydischen Wort fuer Doppel-Axt, abgeleitet. Diese Zeichen war das Symbol des Knossos Palastes. Seither erscheint es haeufig am Mauerwerk und als Motiv bei Dekorationen.

*Parisienne.*

*Der wiedererrichtete Nord-Eingang.*

## PHAESTOS— GORTYNA— AGHIA TRIADA

Ein weiterer minoischer Palast wurde in den Ruinen von **Phaestos** (64 km von Heraklion) gefunden. Er hat einen imposanten Eingang mit einem bemerkenswert enormen Treppenaufgang. Phaestos war die konkurierende Stadt mit **Gortyna** (47 km von Heraklion entfernt), in welcher viele interessante Inschriften gefunden wurden, sowie die beruehmte "Code of Gortyna" (eine Steinplatte mit den Gesetzen dieser Stadt aus dem 6. Jahrhundert B.C.).

Die Ruinen einer minoischen Villa wurden bei Aghia Triada gefunden (13 km von Phaestos entternt, und nahe dem Meer), sowie einige sehr schoene Vasen und Glaeser.

Oestlich von Heraklion, auf einer guten Asphaltstrasse, welche der Kueste in einer Reihe von Kurven flogt, gelangt man zu leeren Straenden, Buchten und Ebenen die sich zum Meer hinunter ziehen. Wo das Land in Ortschaften uebergeht befinden sich Hotels, Bungalows und Restaurants.

*Das archäologische Gebiet Phaestos.*

*Eine in Gortyna geiundene Statue.*

*Felshöhlen, ain sandiger Strand, der in eine schöne Bucht führt und das milde Klima sind die Charakteristika, die Matala berühmt gemacht haben.*

*Goldjuwelen von Malia, 2000 v.Chr.*

Stop **Malia**. Die Ueberreste des hiesigen minoischen Palastes sind aehnlich deren von Knossos und Phaestos. Hier kann man herumschlendern und fotografieren, bevor man sich auf den Weg zu dem fabelhaften Strand unterhalb macht. Von Malia aus geht eine leichte und angenehme Fahrt zu Kreta's Turisten Schauptlatz - der

# LASSITHI

**Lassithi Hochebene,** wo 10.000 Windmuehlen behaglich die Luft bewegen, liegt an der Hauptstrasse nach Malia. Die Strasse zieht sich den Berg hinauf bis ploetzlich die gesamte Ebene sich unterhalb ausbreitet, fruchtbar und bebaut. liebliche Mirabello Golf.

*Die fruchtbare Hochebene mit ihren 10.000 weißen Windmühlen.*

*Der Hafen von Chersonisos: ein organisierter touristischer.*

*Unsere Frau "Kera".*

## AGHIOS NIKOLAOS

Die zwei groessten Hotelkomplexe und Bungalow-Siedlungen sind bei Elounda und Aghios Nikolaos, mit ihren Trauben von weissen Haeusern die mit dem kleinen Fischereihafen durch kleine enge Strassen verbunden sind.

## SITIA

**Sitia** befindet sich am anderen Ende des Golfes. Es ist eine freundliche Stadt die von ihrer venezianischen Festung dominiert wird. Das Leben konzentriert sich an der Wasserfront, und man kann eine gute Mahlzeit einnehmen, bevor man sich nach **Kato Zakro** auf den Weg macht. Hier befindet sich der kleinste erst kuerzlich ausgegrabene minoische Palast.

*Ag. Nikolaos: Die Stadt, der Hafen und der runde Voulismeni-See.*

**Vai** an der oesterlichen Spitze von Kreta ist Europa's einziger Palmenhain. Hier gibt es ungefaehr 5,000 Palmen die sich bis ans Meer hinunter ziehen.

## IERAPETRA

**Ierapetra** ist die einzige Stadt an Kreta's Suedkueste. Es ist ein bluehendes Landwirtschafts-Zentrum mit langgestreckten Straenden zu beiden Seiten. Die Bewohner leben vom Fischfang, Gemuesanbau und dem Turismus. Der starke orientalische Eindruck dieser Stadt kommt von ihrem Irrgarten der Gassen, die von flachen Haeusern eingerahmt sind, und die einst von Muselmanen bewohnt waren. Auf den Balkons sieht man viele Blumen und Gruenpflanzen, ebenso in den Fenstern, Innenhoefen und Gaerten. Die zweite Attraktion der Stadt ist die venezianische Festung und eine Moschee aus dem 18. Jahrhundert. An der Wasserfront reiht sich eine Taverne an die andere. Fuer ein erholsames Bad geht man am besten auf die Ostseite der Stadt, oder man mietet ein Boot, welches einen zu den Felsen und Buchten nahebei bringt. Ein sehr interessanter Ausflug kann zu den Bananenplantagen von Mirtos gemacht werden.

*Oben: Ierapetra.*
*Mitte: Sitia.*
*Unten: Elounda, ein welt-bekannter Touristenort mit modernen Liebenswürdigkeiten.*

Vai: In dem schönen Tal zwischen zwei Hügeln wachsen 5000 Palmen, die sich amphitheatralisch bis an den goldenen Sandstrand erstecken.

Rethymno: Der Rimondi-Brunnen

## RETHYMNON

**Rethymnon** liegt 78 km westlich von Heraklion. Es ist eine charmante kleine Stadt, mit einer Geschichte die bis in 4. Jahrhundert B.C. zurueck geht. Sie bluehte hauptsaechlich unter der venezianischen Herrschaft, als es fantastische Fortschritte machte, was Kunst und das Lernen anbetraf.

Der venezianische Einfluss ist noch immer vorhanden in vielen Teilen der Stadt. Ausgedrueckt in der Enge der Strassen, den alten Herrenhaeusern und ihrer Festung, die oertlich auch Fortetza genannt wird. Zwei interessante Sehenswuerdigkeiten in der Naehe sind das Arkadi Kloster und das Preveli Kloster.

Im Hintergrund der Stadttuerme sieht man die schnee-bedeckten Berge des Psiloritis und des Ido. Die Stadt selbst schaut auf das Meer. Die zwei Haefen, ein kleinerer und ein groesserer, bersten mit lebhaften Treiben. Es ist immer wieder ein Vergnuegen durch die kleinen engen Gassen von Rethymnon zu wandern, und die herrliche Mischung der Architektur zu betachten. Wichtig ist auch zu wissen, dass es hier eine Reihe guter Hotels innerhalb und ausserhalb der Stadt gibt, Straende, Wiesen und Waelder zu denen die Berge im Hintergrund einen einmaligen Rahmen abgeben.

Das historische **Arkadi Kloster** liegt nur 23 km entfernt, an dieser szenischen Route. Das Kloster ist seit dem Jahre 1866 renoviert worden. Nach jenem Brand, wo einige, 1,000 Maenner, Frauen und Kinder - welche hier Zuflucht gesucht hatten vor den Tuerken - ihren Tod fanden. Heute ist das Kloster ein verehrtes Symbol fuer die Kretenser Unabhaengigkeit und der Holocaust von einst, wird an jedem 8. November aufs Neue zelebriert.

Agia Galini blickt von seiner Hügelseite aus auf das Libysche Meer.

*Die Vorderseite der Kirche des Arkadi-Klosters.*

*Ansicht der alten Stadt mit dem Beginn des großen Strandes.*

*Rethymno: Ein wunderbar abgelegener Strand am Ende der Kourtaliotiko-Schlucht.*

*Chania: Das, was Georgioupoli einzigartig macht, sind seine Flüsse mit dem sauberen Wasser und feinen Stränden.*

# CHANIA

Die aelteste Stadt nahe am Meer gelegen, mit ihren hohen schoenen Haeusern und engen Strassen, hat viel von ihrem venezianischen Charakter erhalten. In ihrem Zentrum erhebt sich das "Kastelli", eine venezianische Festung. Die neue Stadt ist huebsch und lebhaft, mit hohen modernen Haeusern, vor denen das ganze Jahr um in denGaerten Blumen bluehen. In den zahllosen Aussenbezirken findet man Orangenhaine, die waehrend der Bluetezeit die Luft mit dem Aroma der Orangenblueten erfuellt. Verschiedene Strassen fuehren von Chania aus zu den vielen Straenden in der Umgebung, und in Inland, bis zu den Kuesten am Lybischen Meer.

Chania ist Kreta's Hauptstadt und Verwaltungs-Zentrum, mit etwa 50,000 Einwohner. Hier gibt es wenig von archeologischem Interesse zu besichtigen, jedoch befindet

*Oben: Tanz von Akrotiri.*
*Mitte: Die venezianische Seite des Hafen von Chania.*
*Unten: Chania.*

sich hier das Geburtschaus und das Grab von Eleftherios Venizelos. Dem grossen Staatsmann Griechenlands und einem der illusteren Soehne Kreta's. Ebenfalls bedeutend in Chania ist der riesige Marine Hafen von Suda Bucht. Ueber Suda befinden sich die alten Ueberreste von Aptera.

Kreta's suedliche Kueste ist schroff mit hohen Klippen steil und grimmig sich aus dem Meer erhebend. Zwischendurch immer wieder unterbrochen von langen Strecken Sandstrand, und kleine Fischerdoerfer, angefuellt mit Einsamkeit und isolierter Pracht.

Oben: Das Kloster Chrysoskalitissa. Das festungs-ähnliche Kloster ist auf einem steilen Felskliff über einer schmalen Bucht gebaut, mit einem wunderbaren Blick auf das libysche Meer.

Mitte: Palaiochora. Die westliche Seite des Vorgebirges.

Unten: Chora Sfakion ist auf den Hängen eines Hügels erbaut und hat eine wunderbare Aussicht auf das weite libysche Meer. Die Straße nach Anopolis windet sich den Hügel hinauf.

Rechts: Die Tore sind d[...] beeindruckendste Teil der Schluch[...] Wenn man hindurchagewandert is[...] sieht man in der Ferne das Libysch[...] Mee[...]

**REISEFÜHRER** in unserer Buchreihe "**heute und gestern**".
Erscheinen in vielen Sprachen und umfassen: Geschichte, Volkskunde, Führer durch die größeren Ortschaften, archäologischen Stätten und Museen, ausführliche Beschreibung von Ausflügen, detaillierte Karten und zahlreiche Farbfotos.
**Für jeden Reisenden unentbehrlich** (praktisches Format: 12,5×19,5 cm)

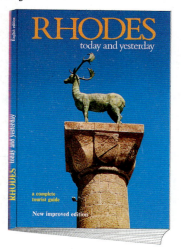 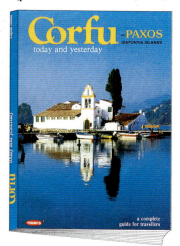 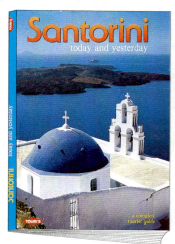

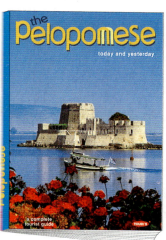 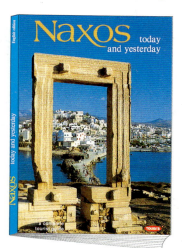 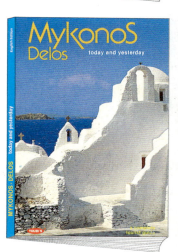

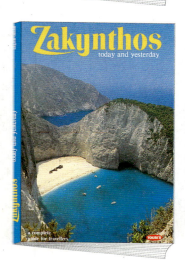 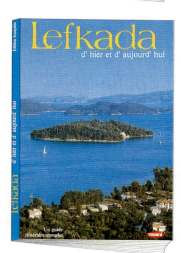 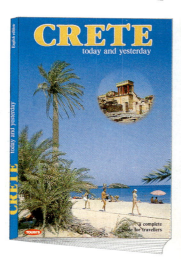